●극기수행(克己修行)의 비결(秘訣)❗

현대 검도 교본

몸(身)의 道, 마음(心)의 道

현대레저연구회 편

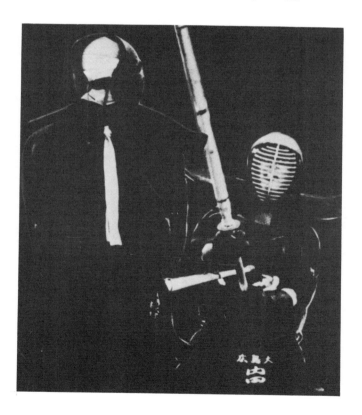

준비운동

검도 연습을 시작하기 전에 근육을 부드럽게 하고 여러 기관의 기능을 높여 장해를 예방하기 위하여 다음과 같이 준비운동을 한다.

1 1. 손과 발목의 힘을 빼고 흔든다.

2. 목의 앞뒤 굽히기

하나로 앞으로 굽히고 둘로 세우고 셋으로 뒤로 굽히고 넷으로 세운다.

3 목의 좌우 굽히기와 돌리기

하나로 왼쪽으로 굽히고 둘로 세운다. 셋으로 오른쪽으로 굽히고 넷으로 세운다. 좌우 돌리기도 같은 요령으로 한다.

4 앞뒤 굽히기

다리를 연 자세로 죽도의 양끝을 잡고 팔꿈치를 뻗어 몸을 앞 뒤로 굽힌다.

5 좌·우 굽
히기

　죽도의 양 끝을 잡
고 팔꿈치를 뻗어
머리 위로 올려 몸
을 좌·우로 굽힌다.

6 회선 (回旋)

　다리를 벌린 자세
에서 상체를 회선시
킨다.

7 비틀어 돌
리기

　죽도를 몸 뒤에서
잡고 상체를 좌우로
돌린다.

8 발 펴
기

　죽도를 몸 뒤
에서 잡고 발을
앞·뒤로 벌려
무릎을 굴신 (屈
伸) 시켜 뒷 발의
아킬레스건 을
편다.

'몸가짐'과 '마음가짐'의 겉과 속이
일치될 때 검도 준비는 성립된다❗

▲ 상단 준비

▲ 중단 준비

▲ 옆구리 준비

▲ 팔상(八相) 준비

◀ 하단 준비

▲ 상대의 자세가 흐트러지는 순간 면(面)치기

▲상대가 무리하
게 면(面)을 치려
고 할 때 재빠리
찌르기로 반격

▲ 상대가 면(面)치기로 나오려고 하는 찰라를 역이
용. 헛점을 찔러 소수(小手)치기

첫머리에*

검도는 인간 의지의 유산

검도는 우리 나라 무도 가운데서도 대표적인 문화유산이며, 그 원류(源流)는 생존경쟁의 원리에 파생(派生)하여 본질은 상호 대립이었다. 특히 진검(眞劍)을 가지고 상호 대립하는 것은 승리, 즉 삶(生), 패배, 즉 죽음에 연결되는 것이었다. 특히 일제시대에는 방구(防具)나 죽도(竹刀)가 발명되어 죽도검법(竹刀劍法)을 도입하여, 실질적인 연습을 하게 되었다. 이것은 검도에 있어서 커다란 전환기라고도 할 수 있다. 전투를 위한 훈련의 영역을 벗어난 검도는 자기의 비(非)·악(惡)을 바르게 하는 검(劍), 도덕성·품성·품격을 높이기 위한 검이 되고 검도를 배움으로써 인류의 생존이나 발달, 평화나 인심의 개발·구제(救濟)에 기여하는 것을 목적으로 하는 것이 되었다.

현재로서는 학교 교육에도 도입되어 몸을 단련하는 동시에 정신수양을 위해서도 빼낼 수 없는 것이 되었다. 이것은 '검도의 이념 및 검도 수련의 마음가짐'에서 말하고 있는 그대로이다. 지도법도 고래(古來)는 단독 교수였으나 현재로서는 과학적으로 연구되어 집단적이 되고 합리적인 방법도 도입되어 있다.

한편 최근에는 중·고·대 학생은 물론 여성, 마을 도장

등도 증가하고 있다. 그러나 여성이 검도를 계속하는 데 장해가 되는 것은 학교를 졸업한 후의 취직·결혼·출산·육아이며, 이것은 앞으로의 연구과제로 남아 있다.

이 책은 사진·도해를 사용하여 검도의 기본적인 기양을 알기 쉽게 이해하게 하는 데 노력했다. 또 그룹 활동의 계획적인 연습법의 예도 삽입했다. 지금으로부터 검도를 시작하려고 하는 사람, 기본을 바르게 배우려고 하는 사람들에게 이 책이 널리 보급되기를 희망한다.

독자 여러분의 건승을 빌면서, 아울러, 이 책의 집필에 있어서 협력해 주신 여러분들께도 진심으로 감사를 드린다.

편자 씀.

7

차 례*

*차 례

제3장 / 응용(応用) 기술──59

차 례*

*차   례

제 1 장
검도의 기초지식

　검도는 몸으로 통하여 전승(伝承)
되어 온 하나의 문화이다.　단순히
시합에서 이긴다, 강해진다고 하는
것 만은 아니다. 기초가 되는 지식
을 이해하고 있지 않으면 안된다.
　이것을 제1장에서 설명한다.

검도는 많은 역사적·사회적 변천이 있었는 데에도 불구하고 오늘날까지 현저하게 발전해 왔다. 이것은 간단하게 그렇게 되어 온 것이 아니다. 선배들이 검도를 사랑하는 마음과 쉬지 않는 노력이 있었음으로써 현재가 있게 된 것이었다. 그 역사적·사회적 변천을 보아도 앞으로 검도를 배우는 사람들의 장래에 지침이 될 것이다.

검도를 수행(修行)하는 데의 마음가짐으로서 중요한 사항을 몇 가지 말해 둔다.

첫째는 연습의·바지·방구(防具)를 정확하게 몸에 붙일 것. 그것에 의해 어느 정도 그 사람의 역량을 알게 되며 바르게 방구 등을 몸에 붙임으로써 사고의 방지에도 연결된다.

둘째는 자신이 사용한 연습의·방구 등을 깨끗이 정리할 것. 이러한 것은 수행을 위한 도구이다. 연습의는 잘 말리고 잘 정돈해 놓아야 한다. 방구 특히 면(面)과 소수(小手)는 그늘에서 땀을 말리고 정리해 놓아야 한다. 이것은 보건 위생상으로도 중요하며 수명을 연장시키는 데에도 필요하다.

세째는 죽도가 부서지거나 방구의 끈이 끊어졌을 때 자신이 수리할 것. 특히 죽도의 파손은 자신을 다치게 할 뿐만 아니라, 상대에게도 상처를 입히게 되므로 연습 전후에 점검해야 한다.

1 ──검도의 이념

1. 검도의 이념
검도는 검의 이법(理法)의 수련에 의한 인간 형성의 도(道)이다.

2. 검도 수련에 대한 마음가짐
검도를 바르게 열심히 배워 심신을 연마하여 왕성한 기력을 배양하고, 검도의 특성을 통하여 예절을 존중하고 신의를 지키며 성(誠)을 다하여 항상 자기의 수양에 노력하므로써 국가 사회를 사랑하고 널리 인류의 평화번영에 기여하려고 하는 것이다.

검도는 칼 조작법(操作法)으로부터 시작한 것으로 선인(先人)들이 실전을 통해서 칼의 사용법을 천지 자연의 법칙 속에서 회득(会得) 대성(大成)한 것이다. 즉, 칼을 가지는 법, 적당한 거리를 가지는 것 등을 신법(身法), 공격, 공격 기회 등을 도법(刀法), 마음 가짐을 심법(心法)이라 하는 것처럼 세 가지로 분류하여 생각할 수가 있다. '예절을 존중하고', '신의를 지키며', '성(誠)을 다한다'고 하는 수양면(修養面)은 인간의 실천윤리의 근본을 검도의 수행을 통해서 체득한다는 것을 설명한 가르침이다.

옛날 지도적 입장에 있었던 사람의 태반은 수행 교과서로서 주자학(朱子学)의 계통을 채용하고 있었다. 당시의 사회에 가장 많이 읽혀진 책은 4서 3경(四書三經), 무교 7서(武教七書)라고 생각되며 수련의 마음가짐에 대한 내용은 주자학적인 사고방식이라 생각된다.

검도를 수련하는 것은 몸을 단련하고 정신을 갈고 도덕을 수양하는 것과 함께, '전통의 원리'를 지키고, 검도라고 하는 문화를 계승하고 나아가서 인류 영원의 평화 발전을 도모하는 것이다.

'전통의 원리'란 자신을 낳고 키운 대자연과, 그것을 지키고 전해 온 옛부터의 자연환경·사회환경·인간환경에 대한 감사·보은(報恩)하는 마음이다. 전통에는 ① 국가의 전통 ② 가정의 전통 ③ 정신전통 ④ 준전통(準伝統)이 있어 이것들에 의해서 인류는 원시시대로부터 서서히 진보하여 오늘의 문명을 형성해 온 것이다.

● **국가의 전통**—우리들이 자란 국가나 향토에 대한 은혜

● **가정의 전통**—자신이 존재하는 근본은 조상이 존재한 것과 부모가 양육해 준 결과이다. 따라서 조상과 부모에 대한 은혜

● **정신전통**—웃사람에 대한 가르침을 받은 선생들에게 대한 은혜

● **준전통**—학문이나 기술의 선생과 친구나 일반인에 대한 은혜

이상과 같이 검도는 전통을 존중함과 함께 자신의 품성을 높이고 사회에 공헌하는 것을 목적으로 하고, 최종적으로는 인심의 개발 구제에 기여하는 데 있다.

나아가서 검도 수행의 결과, 건강을 해치고 말았다든가 성격이 비뚤어졌다고 하는 일이 있어서는 안된다. 모처럼 검도를 수행하려면 좋은 결과를 얻지 않으면 의미가 없다. 그것을 위해서는 자신이 검도를 수행하는 목적을 명확하게 할 것과 인격·식견이 모두 뛰어난 지도자에게 가르침을 받아야 한다.

2 —— 연습복·바지의 착용법

■ 연습복

① 소매를 통하여 가슴의 끈을 묶는다. 바지를 입고 등이 부풀지 않도록 뒷축의 자락을 밑으로 당겨 놓는다.

■ 바지

② 연습복의 앞부분을 충분히 포개고 가슴이 노출하지 않도록 합한다. 그 다음에 두 손으로 좌·우 앞으로 끈을 가지고 가서 벨트 높이에 댄다.

④ 하복부에서 교차시켜 단단하게 조이고 뒤로 돌린다.

⑤ 뒤로 돌린 끈은 꽃모양으로 묶고 그 다음에 연습복의 뒷쪽 자락을 밑으로 당기고 등의 부푼 것을 고친다. 동시에 등의 세로로 진 주름을 없애기 위해서 양 겨드랑이로 당긴다.

⑥ 뒷끈은 뒤에서 묶은 앞끈 위에 바지 허리를 가지고 오게 하여 앞으로 돌린다.

⑦ 앞끈과 교착된 위치에서 묶는다. 이것을 통상 무자(武者) 묶기라고 부르고 있다.

⑧ 무자묶기를 한 다음 남은 좌·우의 끈은 떨어지지 않도록 좌·우 양 곁의 끈 밑에 끼워 놓는다.

⑨ ⑩ 연습복·바지를 착의한 후에는 연습복의 등이 부푼 것과 세로의 주름을 꼭 없도록 해야 한다.

⑪ 뒷끈을 하복부에서 묶은 경우에는 묶은 뒤의 끈 길이와 같이 해놓는다.

⑩

⑪

3 ── 방구(防具)의 착용법

옛날의 연습이나 시합은 방구 없이 했다. 그러나 중기가 되어 일본 나까니시·따다꾸라, 나가누마·쇼배에 등이 고안하여 서서히 개량되어 현재와 같은 면(面), 소수(小手), 동(銅), 수(垂)로 한 조가 되어 머리, 손, 몸통, 목 등을 보호하고 있다.

죽도의 기원은 일본 아시까가시대의 말기라고 한다. 당시는 대죽도(袋竹刀)라고 하여 대(竹)를 석 자 두 치(약 96cm)로 짜르고 가죽 부대에 넣은 것을 사용하고 있었다. 현재 사용하고 있는 죽도는 에도시대의 중기로부터 사용되어 온 것과 거의 같은 것이다.

죽도의 길이·무게는, 나이·체격·기량·성별에 따라 자신에게 제일 사용하기 쉬운 것을 선택해야 한다.

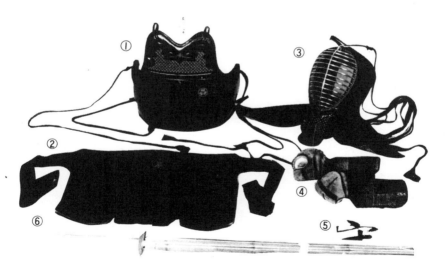

① 동(銅) ② 수(垂) ③ 면(面) ④ 소수(小手) ⑤ 수건 ⑥ 죽도

■ 수(垂)의 착용법

①수(垂)의 중앙을 하복부에 댄다.

②허리끈을 뒤로 돌리고 꼭 조른다. 허리끈은 바지의 요판(腰板) 밑에서 교차시킨다.

③④허리끈을 앞으로 돌리고 중앙의 큰 수(垂) 밑에서 꼭 묶는다. 초보자는 표리(表裏)를 혼동하지 않도록 주의할 것. 또 허리끈을 꼭 묶지 않으면 연습중에 떨어지거나 옆으로 돌아가므로 꼭 조르고 꼭 묶어야 한다.

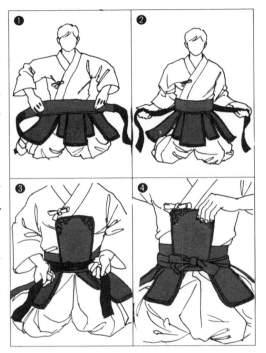

■ 동(胴)의 착용법

①동(胴)을 가슴에 댄다.

②오른쪽 위의 끈을 왼쪽 어깨에 걸고 등에서 X형이 되도록 한다. 각각 동(胴)의 꼬리에 꼭 묶는다.

③묶은 뒤에는 연습중 풀리지 않도록 사진

처럼 상하로 당기고 맺음을 야무지게 한다.

④ 밑의 끈은 묶은 뒤 좌우로 당기며 맺음을 견고하게 한다. 동(銅)의 위치는 동(銅) 꼬리의 맺음의 위치가 쇄골(鎖骨)의 부근에 있도록 하는 것이 적당하다. 또 좌·우의 끈의 기장을 똑 같이 하고 높이가 수평이 되도록 한다.

■ 수건의 착용법

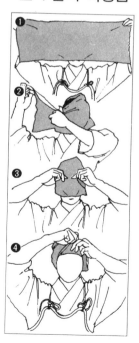

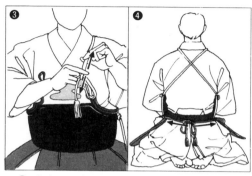

① 앞에는 이마 뒤 후두부까지 덮어쓴다.

② 양 끝을 좌우로 교차하여 돌려 조른다.

③ ④ 얼굴 앞에 내리고 있는 수건의 밑의 끝부분을 잡고 머리 위로 걷어올린다.

⇐ 〔방법 2〕

① 윗편의 양 끝을 들고 얼굴 앞으로 가지고 가서 밑 부분의 중앙을 입으로 문다.

② ③ 손을 뒤로 돌리고 머리의 뒤를 경유하여 앞으로 가지고 온다.

④ 한 손으로 머리 앞에 있는 수건의 양 끝을 누르고 입에 물고 있던 부분을 머리 윗쪽으로 걷어올린다.

⇩ 〔방법 1〕

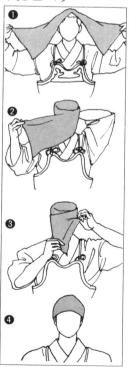

■ 면(面)의 착용법

①면금(面金)의 최상단에 있는 면(面) 끈을 후두부로 돌려 교차시키고, 면금(面金)의 하단에서 교차시킨다.

②다시 면금(面金)의 최상단부로 돌리고 좌우의 면(面)끈과 함께 면(面)의 종금(從金)의 밑을 지나게 하여 후두부로 돌려 꼭 묶는다.

③면(面)끈을 간추리고 비꼬인데와 끈의 경로를 점검한다.

④맺음에서 끝까지의 길이를 40cm 이내로 한다.

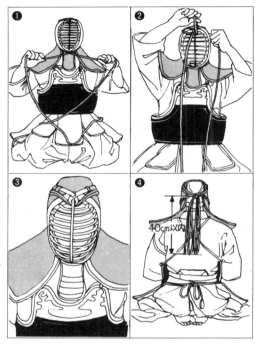

신 경우에는 가위로 자르고 말단 부분을 실로 묶는다. 소수(小手)를 착용하기 전의 주의로서 앞에는 거울로 볼 수 있으나 뒤쪽은 볼 수가 없다. 검도수행에 있어서는 뒷모습까지 마음을 써야 한다.

■ 소수(小手)의 착용법

왼손과 오른손에 착용하여 방구의 착용을 마친다.

4 ──연습복과 바지의 뒷정리

검도 수행의 마음가짐으로서 하나의 동작을 마치면 꼭 다음의 동작에 대비해야 한다.

복장, 용구는 연습이 끝났으면 파손된 데가 없는가를 확인하여 건조시켜 보수하여 정연하게 두고 다음 연습에 대비한다.

연습복의 접는 법은 다음과 같다. 그 자리에 걸어놓을 때는 양복걸이 등에 걸어 건조사킨다.

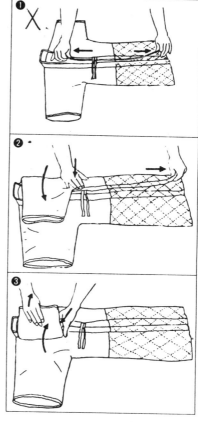

■ 연습복의 접는 법

① 연습복을 펴고 좌우의 겨드랑이의 꿰맨 줄에 맞추어 편다.

② 연습복의 몸 앞부분의 폭 반 정도의 부분에서 세로로 반 접어 포갠다.

③ 소매 부분을 앞으로 접어 포갠다.

④ ②와 같은 요령으로 접어 포갠다.

⑤ 소매의 부분을 양손으로 잡는다.

⑥ 소매를 다시 접어 자락에서 20cm 정도의 자리에 한쪽 소매를 대어 접는 자리를 맞춘다.

⑦ 자락을 접어 포갰으면 다시 한쪽 소매를 가운데 쯤에 대어 접는 자리를 맞춘다.

⑧ 접어포갰으면 접어포갠 데가 되돌아가지 않도록 위에서 누른다.

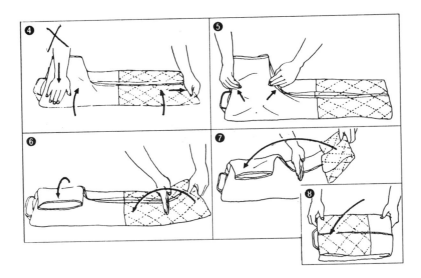

■ 바지의 접는 법

건조시켜야 하며 바르게 접어 개어야 한다. 그 1예는 그림과 같다.

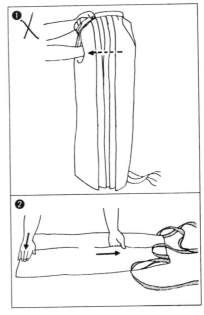

① 왼손으로 바지의 윗부분을 잡고 오른손을 바지의 갈라진 사이로 넣어 사타구니 부분의 좌우로 갈라진 곳을 자신쪽으로 당기고 앞 무릎 부분을 나란히 한다.

② 바지의 뒷쪽을 위로 놓고 뒷무릎을 펴고 접어 좌우의 자락을 나란히 한다.

③ 오른손으로 바지의 윗부분을 잡고 왼손 등을 대고 뒤집는다.

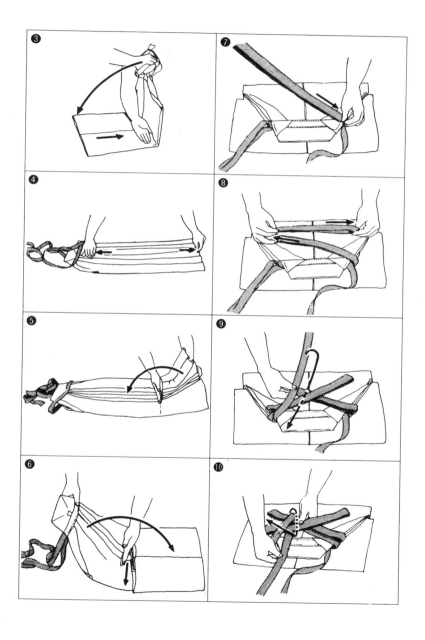

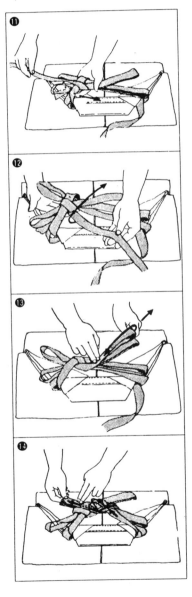

④다섯 줄의 앞 주름을 펴면서 나란히 하고, 앞 주름이 희미할 때는 앞 끈을 붙인 부분의 주름 폭으로 자락으로 향해 똑바로 주름을 잡는다. 각각 주름에는 좌우의 꿰맨 자리와 평행이 되도록 한다.

⑤자락에서 1/3 부분에 오른손을 대고 접는 자리를 만든다.

⑥왼손으로 위에서 1/3 부분에 접는 자리를 만든다.

⑦바지 허리가 위가 되도록 접고 왼쪽의 앞 끈을 둘로 접는다.

⑧다시 넷으로 접고 비스듬히 한다.

⑨오른쪽 앞 끈도 넷으로 접어 비스듬히 중복시켜 X형으로 한다. 오른쪽 뒷끈을 그림처럼 가지고 간다.

⑩뒷끈을 앞끈의 X형에 놓고 위에서 밑으로 돌려 바지허리쪽으로 가지고 간다.

⑪⑨에 돌린 뒷끈 위를 지나 오른쪽 앞끈과 왼쪽 앞끈 사이로 돌린다.

⑫오른쪽 앞끈의 밑을 지나 바지허리쪽으로 돌린다.

⑬오른쪽 뒷끈의 남은 끝부분을 접어 왼쪽 앞끈의 길이에 합쳐서 포갠다.

⑭왼쪽 뒷끈은 오른쪽 뒷끈과 같이 돌리고 마지막에 남은 끝부분을 접어 오른쪽 뒷끈의 밑으로 지나가게 한다.

5 ── 죽도의 수리법

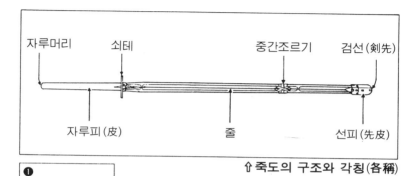

자루머리　　쇠테　　　　　　　중간조르기　　검선(劍先)

자루피(皮)　　　　　　줄　　　　　　선피(先皮)

⇧죽도의 구조와 각칭(各稱)

❶

A

B

■ 선피와 줄의 묶는 법

①②선피의 구멍에 줄을 넣어 A의 부분을　약 5 cm 내고 줄 B로 원을 만든다.

③줄 A를 원 안으로 넣어 오른쪽으로 낸다.

④줄 A를 다시 원 안으로 넣는다.

⑤A의 끝을 잡고 B를 당기면서 묶은 자리를 꼭 조른다.

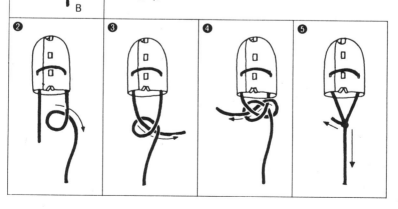

❷　　　❸　　　❹　　　❺

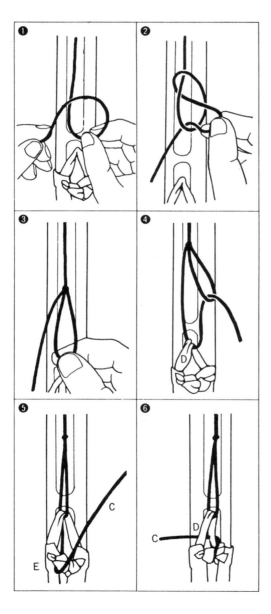

■ 자루피와 줄을 묶는 방법

①줄을 한 번 돌리고 원을 만든다.

②왼손쪽의 줄을 오른손쪽의 원 속으로 밑에서부터 넣는다.

③넣은 부분을 오른손으로 잡고 왼손으로 줄을 당기면서 먼저 만든 원을 작게 조른다.

④줄의 끝 입을 자루피의 D의 원이 되어 있는 데와 줄의 원 속을 통해서 당기고 자루피 D의 끝에 원의 부분이 오도록 조절한다.

⑤ ⑥현구(弦口)를 자루피 E의 부분에 밑에서 넣어 줄을 충분히 긴장시켜 줄이 느슨해지지 않도록 하면서 줄 C를 자루피 D의 밑에서 넣어 왼쪽으로 돌린다.

⑦ ⑧ ⑨줄 C를 조르면서 자루피 D의 밑으로 돌리고 졸라붙여 몇 번 감는다.

27

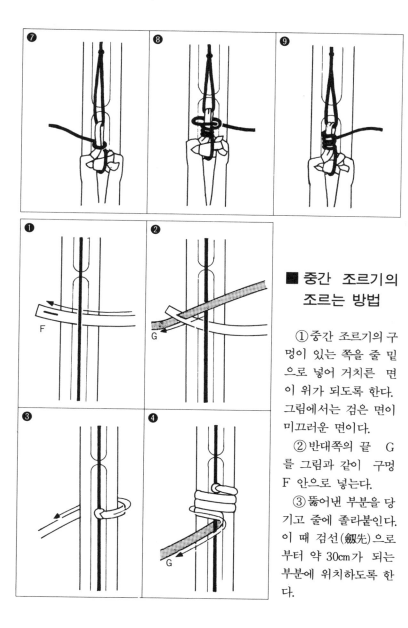

■ 중간 조르기의 조르는 방법

①중간 조르기의 구멍이 있는 쪽을 줄 밑으로 넣어 거치른 면이 위가 되도록 한다. 그림에서는 검은 면이 미끄러운 면이다.

②반대쪽의 끝 G를 그림과 같이 구멍 F 안으로 넣는다.

③뚫어낸 부분을 당기고 줄에 졸라붙인다. 이 때 검선(劍先)으로부터 약 30cm가 되는 부분에 위치하도록 한다.

28

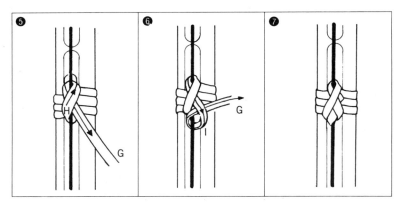

④우선 중간조르기를 죽도 밑으로 넣어 한 번 돌린다. 같은 요령으로 세번 감는다. 중간조르기의 끝 G는 줄을 그림처럼 하여 왼쪽으로 가지고 간다.

⑤G는 오른쪽으로 비스듬히 위로부터 왼쪽으로 줄 밑을 넣어 다시 H의 밑으로 넣어 강하게 조른다.

⑥G는 오른쪽 밑에서 줄 밑을 넣어 다시 I 의 밑으로 넣는다.

⑦마지막에 G를 강하게 당겨붙여 남은 부분을 가위로 자른다.

■ 죽도를 깎는 법

①새 죽도를 깎는 경우, 칼로 쇠테쪽에서 검선쪽으로 향해서 대충 깎는다.

②그것이 끝나면 목공용 줄을 사용하여 깎는 표면을 고른다.

③대의 마디 부분은 부드러운 줄을 사용하여 돌리면서 마무리 짓는다. 그리고 죽도에는 식물성 기름을 헝겊에 묻혀서 바르면 안심하고 오랫동안 사용할 수 있다.

●검도에 있어서의 장해와 예방

■ 용구의 관리

위생면에 주의하여 방구, 연습복,바지 등을 잘 건조해 놓아야 한다는 배려가 필요하다. 죽도는 잘게 깨어지면 다치게 되는 원인이 되므로 연습 전에 잘 깎아놓지 않으면 안된다.

죽도의 부품(선피, 중간조르기, 줄, 자루피)이 파손되어 있을 경우, 상대에게 상처를 입히게 되는 일이 있다. 특히 선피는 항상 완전한 것으로 해놓아야 한다. 또 연습복의 겨드랑이의 파손도 곧 꿰매놓아야 한다.

방구에서는 면(面)의 돌수(突垂) (面의 목부분), 동(胴)끈, 소수(小手)의 꿰맨 부분이 파손하면 상대의 공격에 의해 상처를 입게 되는 원인이 되므로 곧 수리해 놓아야 한다.

● 죽도의 불비에 의한 사고

(선피의 파손) 서로가 공격하는 연습중에 선피의 파손부분에서 죽도가 튀어나가 면금(面金) 사이로 얼굴이나 눈을 찌르는 위험이 있다.

(죽도가 잘게 깨어져 있을 때) 연습중, 눈에 들어가기도 하고 또 찌르기 공격시 목 측면을 찌르는 경우가 있으므로 이런 죽도는 절대로 사용해서는 안된다. 이것은 자신이 상처를 입는 것이 아니라 상대에게 상처를 입히게 되는 것이므로 예의상 그런 죽도는 사용하지 말아야 한다.

(죽도가 세로로 깨어진 것) 면(面)부분을 치면 되지만 초보자의 경우 면금(面金)을 치게 되면 세로로 깨어지는 일이 있다. 그대로 계속하면 면(面)을 쳤을 때 면금(面金) 사이로 얼굴이나 눈을 찌르는 일이 있으므로 절대로 사용해서는 안된다.

(테이프에 의한 보조) 잘게 세로로 깨어진 죽도에 테이프를 감고 사용하는 사람이 있다. 그러나 그것은 위험하기 때문에 사용해서는 안된다.

■ 건강관리

규칙 바른 일상생활을 보내고 영양의 밸런스를 마출 수 있는 식사를 하고 충분한 수면을 취해야 한다. 이러한 일에 유의하는 것은 검도의 연습상 중요한 일이며 영양과 수면의 부족에서 피로가 축적되면 연습 때 장해를 일으키는 원인이 되므로 주의해야 한다.

처음으로 방구를 착용했을 경우는 갑자기 심하게 또는 장시간 하지말고 방구에 익혀지고 또 연습내용에 익숙해지도록 서서히 시작하는 것이 중요하다. 연습 전후에는 준비운동, 정리운동을 하는 것도 중요하다.

● **아킬레스건 단렬 (斷裂)** 강하게 밟아 나갔을 때, 발꿈치 위를 쳤을 때 등에 소리를 내면서 끊어진다.

(증상) • 발꿈치 위에 통증이 오고 부어 오른다. • 발을 밑으로 굽히기 곤란해지고 • 보행이 곤란하다. • 끊어진 곳에 심한 통증이 온다.

(치료) • 부분적으로 끊어진 것은 기브스 붕대로 고정시킨다. • 완전히 끊어진 것은 수술에 의해 꿰매고 기브스 붕대로 엄중히 고정시킨다.

●**염좌(捻挫)** 무리한 발처리나 부정한 죽도의 조작 등에 의한 외상으로 인하여, 관절을 바깥 부분에서 보강하고 있는 조직이 끊어지기도 하여 일어난다.

(증상) 뼈에는 이상이 없다. 발목의 염좌가 가장 많다. 염좌나 뼈에 금이 생겼는가는 상처를 입고 20분 이내에 그 개소의 통증으로 알 수 있다.

(치료) 염좌라면 곧 얼음물로 습포하고 탄력이 있는 붕대로 고정시키고 국부를 높이고 안정시킨다.

●**근육이탈** 근육의 일부가 끊기는 것으로 갑자기 힘을 넣었을 때나 장기간 연습을 하지 않았던 사람들에게 일어나기 쉽다. 대퇴부 근육에 일어나기 쉽다.

(**증상**) 근육이탈을 일으킨 데에 심한 통증이 오고 부근에 출혈을 볼 수가 있어서 본인도 알 수 있다.

(**치료**) 안정하고 처음에 냉습포를 하고 그 후 통증이 가시면 가볍게 맛사지나 가벼운 운동을 하고 근육의 기능이 쇠퇴하지 않도록 한다.

●**고막의 외상** 죽도가 귀를 쳤을 때 고막이 파열된다.

(**증상**) 고막이 파열되는 순간 소리가 나고 갑자기 심한 통증이 일어난다. 얼마 지나면 통증이 가시고 귓속에 이상함과 가벼운 난청이 남게 된다.

(**치료**) 이 경우 절대로 귓속을 건드려서는 안된다. 그대로 7일∼10일 경과를 보고 파열된 데가 좀처럼 막히지 않는 경우에는 프로타고올로 적신 탄폰을 귓속에 대고 빨리 고막이 막히도록 처치한다.

●**못** 연습을 계속하고 있으면 손바닥이나 발바닥에 못이 박히는 것을 말한다. 못이 생기기 쉬운 소질도 관계된다고 생각된다.

(**치료**) 핏크연고, 스필연고 등을 발라 2, 3일 후에 부드럽게 되면 경석(輕石)으로 문질러 없앤다.

제 2 장
검도(劔道)의 기본

　　검도의 향상을 위해서는 무엇 보
다도 먼저 정신 수양과 검도의 기
본을 이해하지 않으면 안된다. 검도
는 하나의 무술이기 이전에 자기 자
신에 대한 각성과 수양을 전제로한
심신(心身)의 수행(修行)이기 때문
이다.

---

1. 교검지애(交劒知愛)의 정신

기술이 뛰어났을 뿐만 아니라, 인격·식견 모두 겸비한 지도자로
부터 지도를 받는 것이 중요하다. 지도자의 자세·태도·검풍(劒風)
은 배우는 그대로 수계(受継)되는 것이다.

2. 검도 즉 일상생활

일상생활을 보내는 데 있어서 항상 예의 바른 태도가 필요하다.
시합에 이기는 것이 최종목적이 아니며 무엇을 몸에 붙이는가가 문
제이다.

3. 확고한 기초를 구축하지 않으면 사상누각과 같다.

기본기 등, 검도의 기본이 되는 것을 정확하게 몸에 익혀야 한다.
또 자연체(自然体), 입례(立礼), 좌례(座礼), 준거(蹲踞)·방어,
발처리, 간격 등을 바르게 할 수 있도록 평시에 바르게 이해하고 있
어야 한다.

4. 백련자득(百錬自得)

바른 방법을 연구하여 계속 연마하면서 스스로 체득해야 한다.

5. 계속은 힘이다.

중단하지 않고 연습을 계속해야 한다. 열심히 연습해도 중단하게
되면 어느 정도 제자리로 되돌아가게 된다. 그렇게 되지 않기 위해
서도 중단하지 않고 수행(修行)하는 일이 중요하다. 또 중단하지
않는다는 것은 병에 걸리지 않고 부상을 입지 않는다는 것이 되며,
그 사람의 일상생활을 규칙 있게 보내고 있는가에도 연결된다.

음악의 거장 토스카니이니는 「하루를 쉬면 자신이 변하고 이틀을
쉬면 스승이 변하고 사흘을 쉬면 청중이 변한다」고 말했다. 단계를
두고 여러 가지 기술에 나아가는 것이 바람직하다. 자기류(自己流)
로서는 어느 정도까지는 향상되지만 대성하는 일은 없다.

1 ── 자연체(自然体)

자연체란 눈은 앞으로 보고 그대로의 자세로 안정감이 있고 균정(均整)이 잡히고 무리없이 어떠한 몸의 이동에도, 또 상대의 동작에 대해서도 민첩하고, 정확하게 대응할 수 있는 체세(体勢)를 말한다.

양 발을 약간 열고 중심을 양발의 중간에 두고 양무릎은 굽히지 않고 또 펴지 않고 자연 그대로 보지(保持)하여 상체는 바르게 위로 펴고 척추의 자연적인 굴곡을 유지하고 아랫배에 힘을 넣고 양 어깨에는 힘을 넣지 않고 양팔은 자연스럽게 내린다. 자연체를 취할 때 척추는 그것을 싸고 있는 근육(배근·복근)의 도움을 받아 유지되어 있다. 나쁜 자세를 하고 있으면 척추는 자꾸만 구부러지고 근육의 정상 발달에 장해가 된다. 바른 자세를 유지하기 위해서는 처음에는 자각하면서 자신의 모습을 거울에 비쳐 관찰하므로서 곧 바른 자세가 습관화되어 자기 것이 된다.

2 ── 입례(立礼)·좌례(座礼)·준거

■ 입례 (立礼)

자연체에서 왼손에 죽도를 잡고 상대를 주목하고 선다. 죽도를 잡는 방법은 왼손에 줄을 밑으로 하고 쇠테 밑을 잡고 검선이 내리도록 하여 자연스럽게 팔을 내린다. 상체를 편 그대로 약 30도로 눕힌다. 잠깐 그 자세를 유지하다 조용히 자연체로 되돌아간다.

■ 좌례 (座礼)

정좌 자세로 상대를 주목한다. 양 무릎 사이는 주먹 하나가 또는 두 개가 들어갈 정도로 밀고 양발의 엄지 발가락을 겹친다. 죽도는 쇠테가 무릎의 왼쪽에 놓인다. 상체를 앞으로 눕혀 두 손을 무릎 앞에, 손가락 끝을 약간 떨어지게 하여 八자 형으로 짚는다. 머리를 조용히 내리고 잠깐 그 자세를 유지하고 있다가 조용히 원 자세로 되돌아간다.

■ 준거 (蹲踞)

양발의 발꿈치를 나란히 붙이고 선 자세에서 무릎을 굽히고 발끝으로 서면서 허리를 내리고 발꿈치 위에 엉덩이가 오게하여 양무릎을 충분히 열어 하복부에 힘을 넣어 상체가 전후 좌우에 기울어지지 않도록 안정시킨다.

3 ── 중단(中段) 준비

준비에는 '몸 준비'와 '마음 준비'로 대별할 수 있다. 보통 준비라고 하면 몸 준비를 말하지만 거기에는 마음 준비도 포함되어 있어 양자가 표리일체가 되어 작용하고 있다고 생각하지 않으면 안된다.

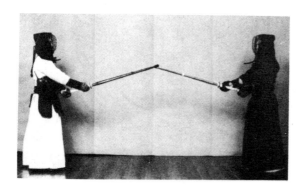

중단 준비는 정안(正眼)의 준비라고 부르고 있다. 공격에도, 수비에도, 상대가 시작하는 기량에도 응하여 어떤 변화에도 응할 수 있는 기본 준비이며 자세이다. 자연체에서 오른발을 앞으로 내고 왼쪽 주먹은 약간 하복부에서 약 한주먹 앞으로 내고, 오른쪽 주먹은 쇠테에서 약간 떨어져서 쥐고 죽도의 줄을 위로 하고 검선은 상대의 목 높이로 한다.

■ 발의 위 치

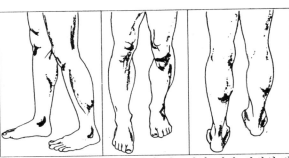

양발의 발끝
은 앞으로 향
하게 하고 양발
의 좌·우의 간
격은 주먹 하
나, 전후는 오른발이 앞, 왼발이 뒤, 오른발의 발꿈치의 선에 왼발의 발
끝이 오도록하고 왼발의 발꿈치를 약간 바닥에서 뜨게 한다. 체중은 양
발에 똑같이 주게하고 전후 좌우 자유자재로 이동할 수 있도록 양무릎은
굽히지도 않고 펴지도 않는 자연상태를 유지한다.

■ 죽도를 잡는 법

왼손 새끼손가락을 자루 끝에 걸면서 위
에서부터 쥐고 오른손은 쇠테에서 약간 떨
어지게 하여 위에서부터 잡는다. 양손 모두
새끼손가락과 약손가락으로 조르고 가운데
손가락은 조르지도 않고 풀지도 않고 엄지
손가락과 인지손가락의 분기점이 죽도의 줄
의 연장선상에 있도록 하여 부드럽게 잡는
다. 죽도를 잡고 대비할 때는 곧 상대에 대
응하는 마음 준비로 있어야 한다.

● 중단 준비 · 나쁜 예

①몸 전체가 전면으로 향
하고 있지 않으며 왼손 주먹
이 정중선(正中線)에서 벗어
나 있으며 검선이 상대의 목
으로 향하고 있지 않으므로
위압감이 없다.

②좌우의 팔꿈치에 힘이 너
무 많이 들어가 있다.

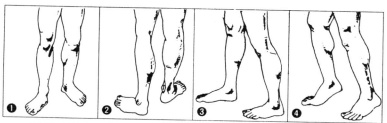

●발의 위치 · 나쁜 예

① ②양발의 방향이 바깥쪽으로 향하고 있으며 양발의 발꿈치가 바닥에 닿고 있다. 이래서는 동작이 자유스럽지 못하다.

③양발의 발꿈치가 바닥에 닿고 있기 때문에 갑자기 앞으로 나갈 경우 민첩한 행동을 취할 수 없다.

④양발의 발꿈치가 너무 올라가 있어서 체중을 오른발에 너무 두게 되어 뒤로 이동하는 동작이 민첩하지 못하다.

●죽도를 잡는 방법 · 나쁜 예

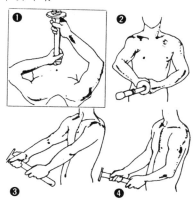

① ②양팔꿈치에 힘이 들어가 있어서 줄의 연장선이 양손의 엄지손가락과 인지손가락의 중간에서 벗어나 있다.

③왼손은 자루의 중간을 잡고 있기 때문에 타공(打空)의 순간 왼손을 조를 수가 없다.

④오른손이 자루의 중간을 잡고 있다. 이래서는 치는데 약하다.

⑤그 외의 나쁜 예

• 양손목을 너무 안으로 조르고 있다.

• 양팔을 너무 펴고 있다.

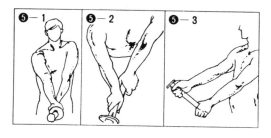

4 ── 발 처리

몸의 이동이나 공격의 경우에 있어서의 발 동작에 대해서 설명한다. 이것은 보족(歩足), 송족(送足), 개족(開足), 계족(継足) 등이 있다.

■ 보족(歩足)

전후로 빨리 이동할 때 사용한다. 평상시의 보행과 거의 같은 방법으로 전진 후퇴를 한다.

〔주의점〕

• 발의 이동에는 발바닥이 가볍게 바닥을 스치고 나가는 듯이 동작한다.

• 몸이 상하로 요동되지 않도록 허리를 중심으로하여 수평으로 이동한다.

• 이동할 때 죽도를 상하로 요동시키거나 자세가 무너지지 않도록 해야 한다.

■ 송족(送足)

이동하려고 하는 방향에 가까운 발로부터 나가 다른 발을 재빨리 따르게 한다. 그 때 비스듬히 전후로 이동할 때는 전후보다 좌우를 우선한다.

〔주의점〕

• 따라가는 발은 재빨리 발 위치를 잡도록 해야 한다.

• 후퇴할 때는 왼발의 발꿈치가 바닥에 닿지 않도록 해야 한다.

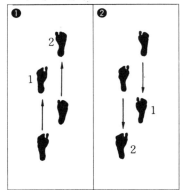

그림 ① ─ 앞으로 가는 보족
그림 ② ─ 뒤로 가는 보족

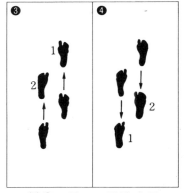

그림 ③ ─ 앞으로 향한 송족
그림 ④ ─ 뒤로 향한 송족(送足)

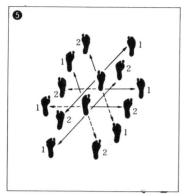

그림 ⑤ ―비스듬한 방향의 송족

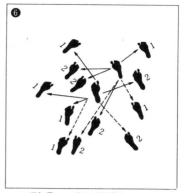

그림 ⑥ ―개족(開足)

■ 개족(開足)

몸을 돌려 피하면서 공격하거나, 공격에 응할 때 사용한다. 오른쪽 앞으로 열 때는 오른발을 상대를 향하면서 오른쪽으로 비스듬히 앞으로 내고 왼발은 오른발을 따르면서 허리의 왼쪽을 왼쪽 뒤로 틀고 상대를 정면으로 대한다.

왼쪽 앞으로 열 때는 왼발을 상대로 향하면서 왼쪽으로 비스듬히 앞으로 내고 오른발을 왼발에 따라가게 하고 허리의 오른쪽을 오른쪽 뒤로 틀고 상대를 정면으로 대치한다.

〔주의점〕

•뒤에서 끌어붙이는 발을 바른 위치에 옮긴다.

•몸의 이동은 허리를 중심으로 한다.

■ 계족(継足)

먼 거리에서 공격할 때 사용한다. 왼발을 오른발 위치에까지 끌어붙이고 재빨리 오른발로부터 송족 요령으로 밟아 들어간다.

〔주의점〕

•처음 왼발을 끌어붙이고 나서 그 다음에 오른발을 밟아 들어가기까지의 동작을 일시에 한다.

•왼발을 끌어붙일 때는 동작이 그치기 쉽기 때문에 상대에게 공격의 기회를 주지 않도록 왼발을 끌어붙인 후 재빨리 오른발이 밟아 들어가야 한다.

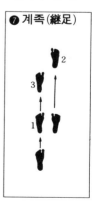

❼ 계족(継足)

5 ──간격

간격이란 자신과 상대와의 거리 및 위치관계를 말한다. 기본은 1족 1도(一足一刀)의 간격이다. '적 보다 멀고 자신 보다 가까이'라는 교훈이 있다. 형태상으로는 전후 좌우의 변화로 자신에게 유리한 관계를 유지하고, 심리적으로는 마음의 안정, 기력의 충족에 의해서 항상 기선을 잡는 마음으로 대응한다고 하는 상대와의 상대적인 위치관계, 정신상태 등을 총합하여 자신으로서는 공격하기 쉽고 상대는 공격하기 어려운 상태를 만들라는 교훈이다.

상대의 간격을 알고 자신의 간격을 알아 항상 유리한 상태에 있도록 마음을 작용시킬 수 있는 사람은 간격을 잘 잡는 사람이다. 즉 간격이란 정지(靜止)하고 있는 것이 아니며 자신과 상대가 가까와지기도 하고 멀어지기도 하는 움직임을 전제하고 있다. 그러므로 연습에 있어서 안전한 간격을 두고 있는가, 위험한 간격에 있는가, 공격이 가능한 간격인가, 공격 불가능한 간격인가를 느낌으로서 알게 될 때까지 단련하지 않으면 안된다. 자신이 치려고 하면 상대의 거리 안으로 들어가지 않으면 안되며, 상대의 거리 안으로 들어가게 되면 항상 자신은 상대가 공격할 수 있는 거리에 있다는 것을 염두에 두고 있지 않으면 안된다.

아뭏든 유형적으로도 무형적으로도 여러 가지 그때 그때 임기응변의 방법이 있으므로 옛부터 간격에 대해서 중대시해 왔다.

■ 1족 1도(1足 1刀)의 간격

이것이 상중단(相中段)의 준비 자세를 취했을 때 검선이 서로 약간 접촉되어 한 발 들어가면 상대가 한 발 후퇴하고, 상대가 한 발 밀고 오면 한 발 후퇴할 수 있는 거리를 말한다. 보통 이 간격에서 기량을 발휘할 때가 많은데 체격, 기량, 대비, 죽도의 장단, 공격의 기회, 정신적인 작용 등의 조건에 따라 간격도 일정하지 않다.

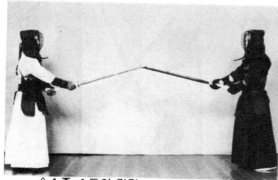

↑ 1족 1도의 간격

↑ 먼 간격

↑ 가까운 간격

■ 먼 간격

1족 1도의 간격보다 멀리 떨어져 있는 간격을 원간(遠間)이라고 한다. 이 간격으로 있을 때는 상대의 공격에 대해서 거리적으로 어느 정도 여유가 있어서 변화하거나 응하게 될 경우에 편리하다. 초보자는 발처리와 뛰어들기를 효과 있게 하여 원간으로부터 연습하도록 하는 것이 중요하다.

■ 가까운 간격

1족 1도의 간격보다 가까운 간격을 근간(近間)이라고 한다. 이 간격에서는 자신도 공격하기 쉬우나 상대의 공격도 받기 쉽다. 그러므로 근간에서 서로 공격하게 되면 기량이 잘아지므로 기량향상을 위해서는 먼 데서 크게 공격하는 것이 좋다.

6 ──쇠테 경합(競合)

서로가 죽도를 세우고 쇠테 혹은 주먹을 상대에 접촉시켜 상대의 변화에 대응할 수 있는 자세를 취한다. 상대와의 간격이 중요하며 너무 접근하면 휴식상태가 되어 공격할 수가 없다. 그 상태에서 너무 떨어지면 자세에 틈이 생겨 상대의 공격 거리에 들어가게 된다. 어깨, 팔, 손목에 힘을 넣지 않는 것이 중요하다.

●쇠테 경합을 무너뜨리는 방법

①오른쪽에서 왼쪽으로 무너뜨린다.

기회를 봐서 상대의 손을 밀어 상대가 그 반동으로 밀고 올 때 그 힘을 이용하여 오른쪽으로 열면서 예리하게 순간적으로 무너뜨린다.

②왼쪽에서 오른쪽으로 무너뜨린다.

기회를 봐서 상대의 손을 밀어 그 반동으로 상대가 밀고 오는 힘을 이용하여 왼쪽으로 열면서 왼쪽에서 오른쪽으로 예리하게 순간적으로 무너뜨린다. 후퇴하면서 소수(小手), 동(銅)을 치는데 유효하다.

③밑에서 위로 무너뜨린다.

기회를 보고 상대의 손을 밀어 그 반동으로 상대가 밀고 오는 힘을 이용하여 좌우의 주먹 밑에서 위로 예리하게 순간적으로 상대의 손을 밀어 올린다. 후퇴하면서 동(胴)을 치는데 유효하다.

④기타, 위에서 밑으로 무너뜨리는 경우

기회를 보고 상대의 손을 밀어 그 반동으로 밀고 오는 상대의 힘을 이용하여 한 발 후퇴하면서 예리하게 순간적으로 손을 눌러 무너뜨린다. 후퇴하면서 면(面)을 치는데 유효하다.

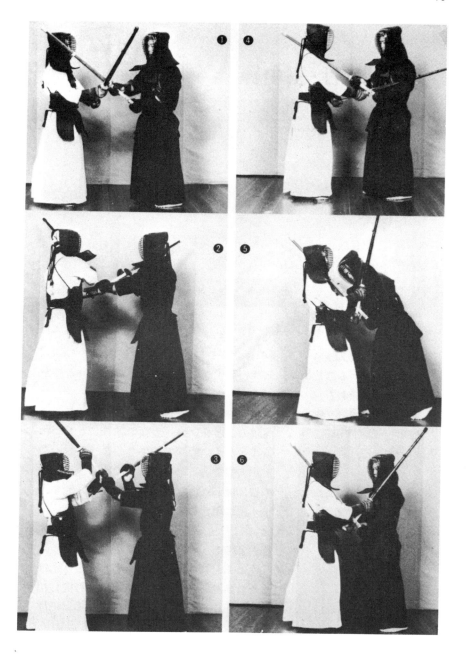

7 ── 시각(視角)·정중선

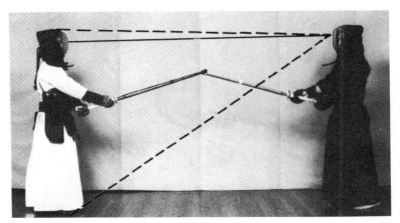

■ 시각(視角)

상대의 눈을 중심으로하여 몸 전체를 보도록하여 일점을 주시하지 않고 상대의 사소한 움직임도 놓쳐서는 안된다.

「오륜서(五輪書)」에는 관견(觀見) 두 개라고 설명하고 관은 심안(心眼), 견이란 육안을 말하고 있다. 표면의 움직임에 마음을 빼앗기는 일 없이 심안으로 상대의 마음을 '읽는' 것이 중요하다고 가르치고 있다. 마음은 얼굴에나 눈에 나타나고, 기량의 시작은 검선, 팔, 어깨 등에 나타난다.

■ 정중선(正中線)

왼손 주먹은 중단으로 대비하였을 때, 쳐올리기 또는 쳐내리기를 할 때, 혹은 공격하였을 때 정중선으로부터 절대로 벗어나서는 안된다.

8 ── 공격 부위(部位)

①면(面)부(正面, 右面, 左面)
②소수(小手)부(小手 및 다음의 경우의 左小手. 왼손 앞의 중단 자세, 팔상(八相) 자세, 옆 자세, 올린 小手, 기타 변형한 중단 자세)
③몸통(胴)부(右胴, 左胴)
④돌(突)부(목 부분, 단 상단 및 2도(二刀)에 대해서는 흉부를 포함)

이러한 공격 부위를 충실한 기세, 적법(適法)한 자세로서 죽도의 공격부에 정확하게 공격한 경우에 유효가 된다.

정면(正面)
우면(右面)
좌면(左面)
돌(突)
우소수(右小手)

소수 머리(小手頭)
(소수통)
좌소수(左小手)
돌(突)
우동(右胴)
좌동(左胴)

48

9 ── 정면(正面) 치기

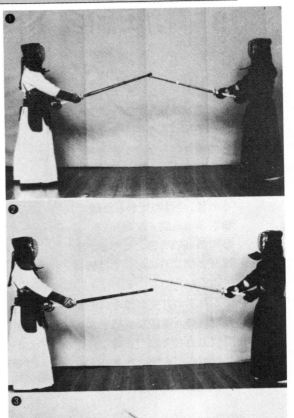

① 1족 1도의 간격으로 중단 자세를 취한다.

②③ 검선이 좌우로 기울어지지 않도록 정중선(正中線)으로 들어올린다.

④ 왼손 주먹에서 상대의 면(面)이 보일 때까지 들어올린다. 왼손의 새끼손가락, 약손가락의 빼지 않는 악력(握力). 오른발부터 나가면서 죽도를 쳐내리기 시작한다.

⑤ 두 손을 안으로 조르는 듯이 하면서 정중선상(正中線上)을 재빨리 내리친다.

⑥ 치는 순간은 오른팔을 펴고 오른손 주먹은 어깨 높이, 왼손 주먹은 가슴 높이로 양손목을 안쪽으로 조른다.

● 정면(正面) 치기 ·
좋은 예 나쁜 예

　⑦바르게 정면(正面)을
쳤을 경우, 죽도 줄기가 면
(面)에 대해서　수직으로
맞는다.

　⑧정면(正面)을　치는
순간 왼팔꿈치 · 왼손목을
조르지 않고 왼손 주먹이
정중선(正中線)을 벗어나
고 있다.

　⑨이것은 ⑧을 뒤에서
본 자세이며 왼발에 주목
할 것.

10 ── 오른손목 치기

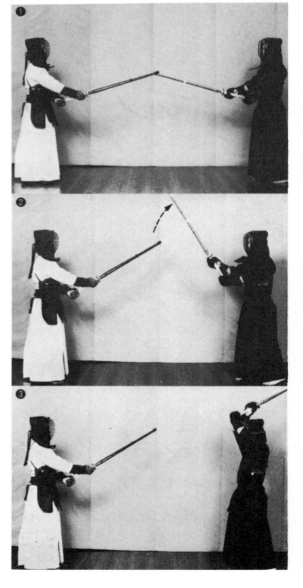

①1족 1도의 간격으로 중단 자세를 취한다.

②검선이 좌우로 치우치지 않도록 정중선상으로 올린다.

③왼손 주먹 밑에서 상대의 오른손 소수(小手)가 보일 때까지 올린다.

④왼손 새끼손가락, 약지의 힘을 빼지 않은 채 잡고, 오른발부터 한 발 나가면서 내리치기 시작한다.

⑤두 손을 안쪽으로 조르는(물수건을 짜는) 듯이 하여 상대가 똑바로 대비하고 있는 죽도에 대하여 평행으로 재빨리 쳐내린다.

⑥치는 순간은 오른팔을 펴고 양손목을 안으로 조른다. 치고난 후에는 왼발을 빨리 오른발에 끌어붙인다.

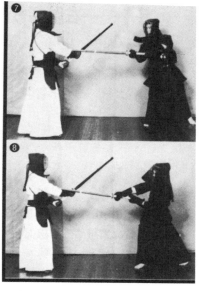

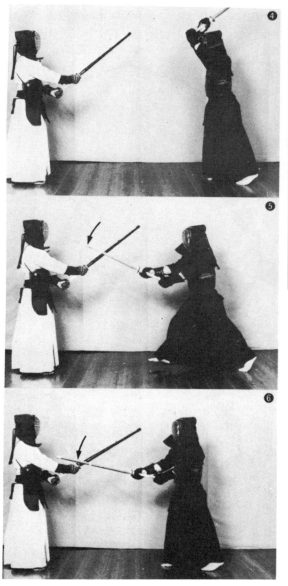

● 오른손 손목(小手)
치기 · 나쁜 예

⑦ 쳤을 때 왼손 주먹이
정중선상에서 벗어나고 있
다.

⑧소수(小手)의 위치가
낮기 때문에 몸이 앞으로
기울어져 있다. 눈이 소수
(小手)를 보고 있다.

`11` ──오른몸통(胴) 치기

① 1족 1도의 간격으로 중단 자세를 취한다.

② 상대가 손을 올리는 것과 동시에 재빨리 정중선상으로 올린다.

③ 왼손 주먹 밑에서 상대의 몸통(胴)이 보일 때까지 올린다.

④ 머리 위에서 손을 왼쪽으로 틀고 내리친다.

⑤ 오른발을 한 발 오른쪽으로 비스듬히 앞으로 내고, 죽도는 왼쪽으로 비스듬히 위로부터 오른쪽으로 비스듬히 칼날의 방향을 바르게 하여 내리친다.

⑥ 치는 순간에는 오른팔을 펴고 양손목을 안으로 조른다. 왼손 주먹이 정중선상을 벗어나지 않도록 한다. 치고난 후에는 자세가 무너지지 않도록 왼발을 재빨리 오른발에 끌어붙인다.

● 오른쪽 몸통(右胴) 치기 · 나쁜 예

⑦ 왼손 주먹이 정중선 상을 벗어나 오른손 주먹 보다 위에 위치하고 있다.

⑧ 치는 순간에 왼손을 놓고 있다.

⑨ ⑩ 죽도 옆(칼날이 아닌 측면)으로 치고 있다.

12 ─── 왼쪽 몸통 치기

① 1족 1도의 간격으로 중단자세를 취한다.

② 상대가 손을 올리는 것과 동시에 재빨리 정중선으로 올린다.

③ 왼쪽 주먹의 밑에서 상대의 몸통(胴)이 보일 때까지 올린다.

④ 머리 위에서 손을 오른쪽으로 틀면서 쳐내린다.

⑤ 오른발을 한 발 내딛으면서 죽도는 오른쪽으로 비스듬히 위로부터 왼쪽으로 비스듬히 밑으로 칼날의 방향을 정확히 하여 쳐내린다.

⑥ 치는 순간은 오른팔을 펴고 양손 손목을 안쪽으로 조른다. 왼쪽 주먹이 정중선상을 벗어나지 않도록 한다. 치고 난 후에는 자세가 무너지지 않도록 왼발을 재빨리 끌어붙인다.

◇ 상대의 눈을 보고 공격 부위를 보지 않고 한다.

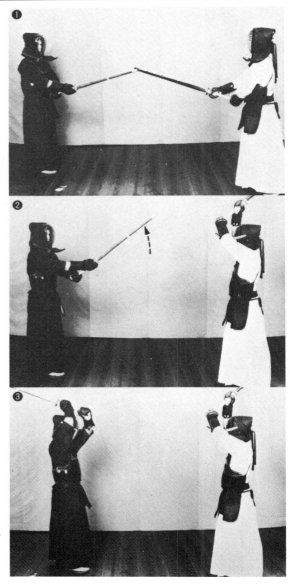

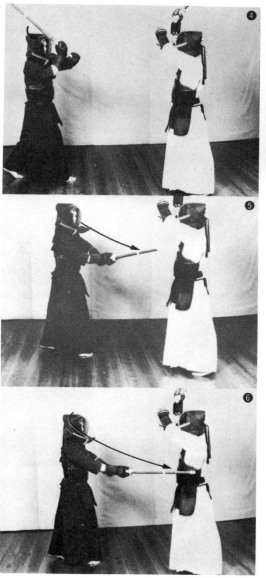

● 왼쪽 몸통(左胴)
치기 · 나쁜 예

⑦왼쪽 주먹이 정중선
상을 벗어나 오른쪽 주먹
보다 위에 위치하고 있다.
몸이 왼쪽으로 너무 열
려 발의 위치가 나쁘다.

13 ─
정면공격

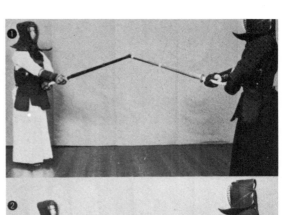

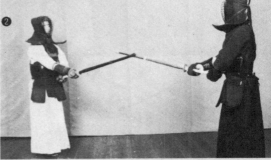

① 1족 1도의 간격으로 중단 자세를 취한다.

② 오른발부터 재빨리 송족(送足)으로 간격을 좁힌다.

③ 왼발을 재빨리 오른발에 끌어 붙이는 것과 동시에 상대의 목을 향하여 똑바로 양손을 안으로 조르면서 오른발부터 한 발 내딛으면서 양손을 뻗는다.

④ 내미는 순간 양손을 충분히 뻗어 양손의 손목을 안쪽으로 조른다.

⑤ 공격한 후에는 재빨리 중단 자세로 되돌아간다.

● **정면공격 (正面突)**

· **나쁜 예**

⑧몸이 앞으로 기울어
져 있고 허리가 굽어져 있
다. 양 손목에 조임이 없
고 손으로만 찌르고 있다.
이 상태에서는 손을 다치
게 하는 우려가 있다.

⑥ ⑦ 상대의 목에 대하여 양손으로 오른쪽으로 틀고 펴면서 오른발로
부터 내딛는다. 찌르는 순간은 오른쪽으로 틀었던 양손의 손목을 충분
히 안쪽으로 조른다.

◇ 상대의 죽도의 밑을 돌리면서 발을 내딛어 미끄러져 가는 듯이 찌
른다.

제 3 장
응용(応用) 기술

검은 손에 따르고 손은 마음에
따르고 마음은 법에 따르고 법은
신에 따른다(**神道無念流伝書**).

A. 공격기 (攻擊技)

① - 털어내기
상대의 자세가 충분하여 공격할 틈이 없을 때 상대의 죽도를 상하 또는 좌우로 털어내어 상대의 자세를 무너뜨리고 공격한다.

② - 연속공격
최초의 공격이 실패하면 곧 상대의 틈을 계속 공격한다.

③ - 선제 (先制)
상대가 공격하려고 할 때 그 틈을 보아 먼저 공격을 가한다.

④ - 물러서면서 공격
쇠테경합으로 서로가 접근하고 있을 때 또는 몸이 부딪쳐 상대의 자세가 무너졌을 때 재빨리 후퇴하면서 공격을 가한다.

⑤ - 이중 공격
상대를 적극 공격하여 상대가 후퇴하거나 검선을 내렸을 때 마음먹고 공격을 가한다.

B. 응용기 (技)

① - 피하면서 공격
상대의 공격에 대하여 몸을 피하여 상대를 헛치게 하여 공격을 가한다.

② - 되돌려 치기
공격하는 상대의 죽도를 맞이하는 듯이 응하여 응한 죽도의 반대쪽의 부위를 공격한다.

③ - 스쳐올리기
상대의 공격에 대해서 죽도의 오른쪽 또는 바깥쪽에서 상대의 죽도를 비스듬히 오른쪽 위로 또는 왼쪽 위로 스쳐올리는 듯이 공격한다.

④ - 떨어뜨리기
공격하는 상대의 죽도를 오른쪽 밑으로 또 왼쪽 밑으로 쳐서 떨어뜨리게 하고 상대의 공격을 무효로 하는 것과 동시에 공격한다.

C. 상단(上段)의 기술

상단의 자세에서 상대의 면(面), 소수(小手), 동(胴)을 친다. 상대를
위압하고 상대의 공격 및 후퇴의 기선을 제압하여 뛰어들면서 공격한다.

A.공격기

1 ── 털어내기

1.털어내기
면(面)

① 1족 1도의 간격으로 중단자세로 기회를 엿본다.

② 오른발로부터 전진하여 호(弧)를 그리면서 검선을 내린다.

③ 죽도를 밑에서 왼쪽으로 비스듬히 위로 상대의 죽도의 왼쪽을 예리하게 털어올린다.

④ 털어올린 죽도가 정중선상을 벗어나지 않도록 들어올린다.

⑤ 왼발을 오른발에 끌어붙이고 왼손 주먹의 밑에서 상대의 면(面)이 보일 때까지 들어올려 곧 내리친다.

⑥ 오른발을 한 발 내딛이면서 양팔을 안쪽으로 조르면서 재빨리 내리친다.

⑦ 양손 손목을 안쪽으로 조르면서 정면(正面)을 친다.

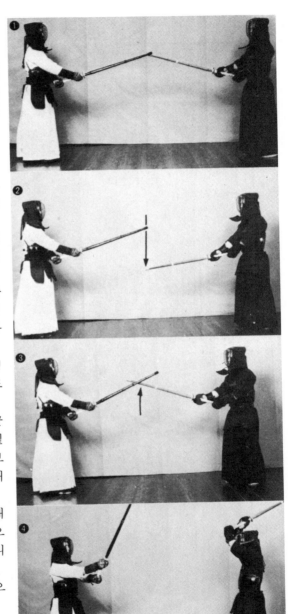

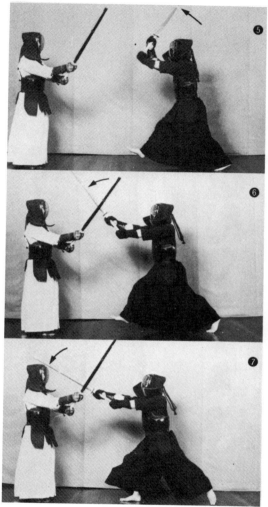

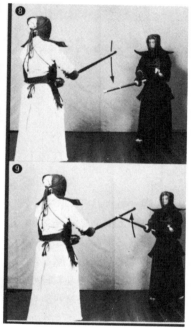

● 뒤에서의 털어내
기

⑧ 상대의 죽도 밑에 반
원(半円)을 그리는 것같
이하여 내린다.

⑨ 상대의 죽도의 쇠테
를 왼쪽 비스듬히 밑에서
부터 위로 예리하게 털어
올린다.

1 ── 털어내기

2. 털어내기
소수(小手)

① 1족 1도의 간격으로 중단자세로 기회를 엿본다.

② 오른발로부터 전진하여 호(弧)를 그리며 검선을 내린다.

③ 죽도를 밑에서 오른쪽으로 비스듬히 위로 하여 상대의 오른쪽 죽도를 예리하게 털어올린다.

④ 털어올린 죽도가 정중선상을 벗어나지 않도록 들어올린다.

⑤ 왼발을 오른발에 재빨리 끌어붙이고 소수(小手)를 치는 동작에 들어간다.

⑥⑦ 오른발을 내딛이며 양팔을 안으로 조르면서 재빨리 내리친다. 왼발을 재빨리 끌어붙이지 않으면 몸이 앞으로 기울어진다.

⑧ 양손 손목을 안쪽으로 조르면서 오른쪽 소수(右小手)를 친다.

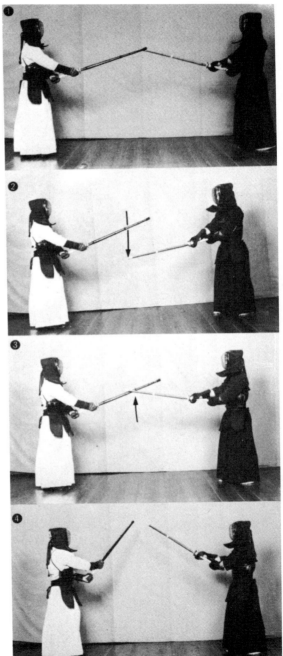

● **털어내기 소수(小手)·나쁜 예**

⑨ 털어내는 방법이 오른쪽에서 왼쪽으로 거는 것처럼 하는 방법으로 하다가 실패하면 면(面)이 완전히 비게 된다.

⑩ 털어낼 경우 꼭 밑에서 위로 털어올리게 되는데, 왼쪽에서 오른쪽으로 하는 경우에는 소수(小手)가 완전히 비게 된다.

2 ── 연속 공격

1. 소수(小手) → 면(面)

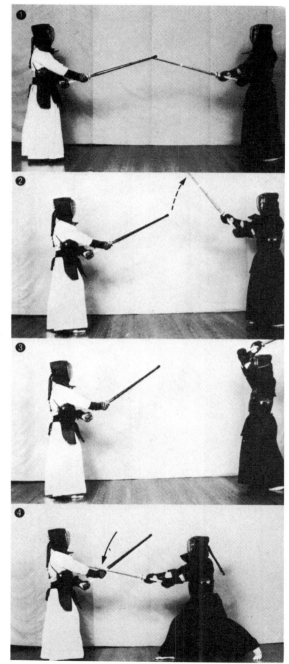

① 1족 1도의 간격으로 중단 자세를 취하여 기회를 엿본다.

② ③ 정중선상으로 소수(小手)가 보일 때까지 죽도를 올린다.

④ 오른발부터 한 발 내딛으며 두 손목을 안쪽으로 조르면서 재빨리 우소수(右小手)를 친다.

⑤ 다시 정중선상으로 들어올린다.

⑥ 왼발을 오른발에 끌어붙여 면(面)이 보일 때까지 들어올린다.

⑦ 오른발을 한 발 내딛으며 양팔을 안으로 조르면서 내리친다.

⑧ 두 손목은 안으로 조르면서 정면(正面)을 친다.

◇ 소수(小手)를 친 후 왼발을 재빨리 끌어 붙인다.

☆실전(実戦) 포인트

실전에서는 한 번 치기로 승패를 결정하기에는 어렵기 때문에 연속 공격은 중요한 기술이 된다.

소수(小手)→면(面)은, 소수(小手)치기에 대해서 죽도를 밑으로 내리고 빼내거나 오른손을 틀고 피해졌을 때에 유효하다. 또 소수(小手)가 상대치기의 경우 틈없이 면(面)을 치거나 소수(小手)를 쳐서 무효가 되고 간격이 가깝게 된 경우에는 후퇴하면서 면(面)을 친다. 어느쪽이나 상대가 나오는 상태를 재빨리 찰지(察知)하여 변화시키는 일이 중요하다.

2 —— 연속 공격

2. 소수(小手) – 동(胴)

① 1족 1도의 간격으로 중단 자세를 취하고 기회를 본다.

② 정중선상으로 소수(小手)가 보일 때까지 죽도를 올린다.

③ 오른발로부터 한 발 내딛으며 양손목을 안으로 조르면서 우소수(右小手)를 친다.

④ 왼발을 오른발에 재빨리 끌어붙이고 동(胴)이 보일 때까지 들어올린다.

⑤ 머리 위에서 양손을 왼쪽으로 튼다.

⑥ ⑦ 오른발을 오른쪽으로 비스듬히 앞으로 송족(送足)으로 전진시키면서 오른쪽 동(右胴)을 치는 동작에 들어간다.

⑧ 오른쪽을 비스듬히 앞으로 이동하고 칼날 방향을 정확하게 하여 오른쪽 동(右胴)을 친다.

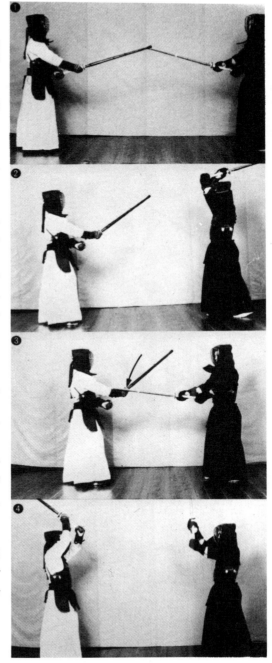

☆ 실전 포인트 ──

실전에서는 소수(小手) 치기에 대해서 죽도를 위로 들어 빼거나 공격할 때 죽도를 들어올리는 상대에게 유효하다. 소수(小手)를 치고 물러서면 면(面)을 잘 치는 상대에게는 재빨리 동(胴)으로 이동하는 것이 중요하다.

소수(小手)→ 면(面)을 잘하는 상대와 싸우게 될 경우 상대가 면(面)을 치기 직전에 재빨리 동(胴)으로 변화시키거나, 소수(小手)를 치고 무효가 된 경우 몸 충돌을 하여 재빨리 후퇴하면서 동(胴)을 치는 것도 유효하다.

2 —— 연속 공격
3. 면(面)
→동(胴)

① 1족 1도의 간격으로 중단 자세를 취하여 기회를 본다.

② 정중선상으로 면(面)이 보일 때까지 들어올린다.

③ 오른발부터 한 발 내딛으면서 양팔을 안으로 조르며 재빨리 내리친다.

④ 양 손목을 안으로 조르며 정면(正面)을 친다.

⑤ 왼발을 오른발에 재빨리 끌어붙여 동(胴)이 보일 때까지 치켜올린다.

⑥ 머리 위에서 양손을 왼쪽으로 튼다.

⑦ 오른발을 오른쪽으로 비스듬히 앞으로 내면서 오른쪽 동(右胴)을 치는 자세로 들어간다.

⑧ 오른쪽으로 비스듬히 앞으로 이동하여 칼날쪽을 정확하게 하여 오른쪽 동(右胴)을 친다.

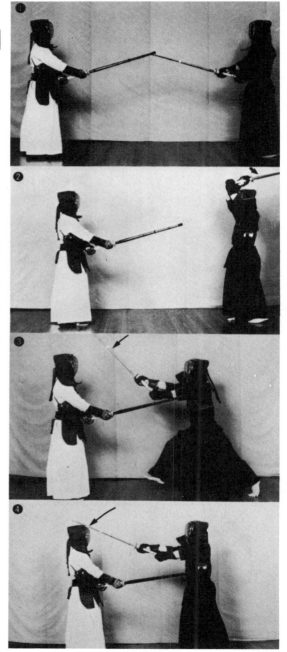

☆ 실전 포인트 ──

실전에서는 면(面)치기에 대해서 스쳐 올리거나 손목을 올리고 피하는 상대에게 유효하다.

면(面)을 치고 간격이 좁아진 경우나, 서로가 면을 치고 몸이 충돌되었을 때, 상대의 자세가 무너졌을 경우, 재빨리 발처리를 하여 후퇴하면서 동(胴)을 치는 것도 유효하다.

2 — 연속 공격
4. 면(面)
→ 면(面)

① 1족 1도의 간격으로 중단 자세를 취하여 기회를 본다.

② 정중선상으로 면(面)이 보일 때까지 죽도를 올린다.

③ 오른발로부터 한 발 내딛이며 양팔을 안으로 조르면서 재빨리 내리친다.

④ 양 손목을 안으로 조르면서 면(面)을 친다.

⑤ 왼발을 재빨리 오른발에 붙이면서 죽도를 올린다.

⑥ 정면(正面)을 치는 동작에 들어간다.

⑦ 오른발로부터 한 발 나가면서 내리친다.

⑧ 양 손목을 꽉 안으로 조르면서 정면(正面)을 친다.

◇ 두 번째 면(面)을 빨리 칠 수 있도록 왼발을 빨리 끌어 붙인다.

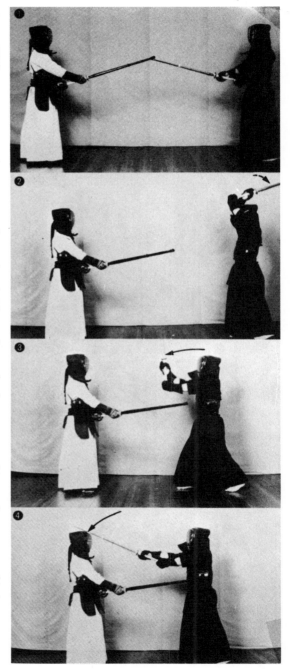

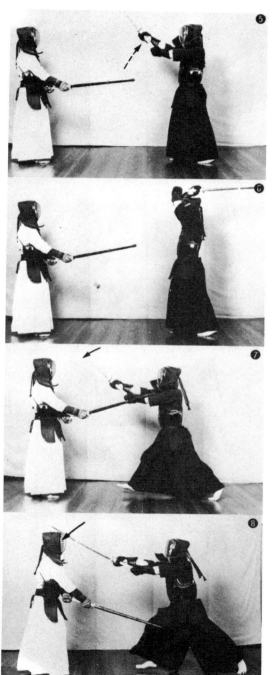

☆ 실전 포인트 ──

　실전에서는 면(面)치기에 대해서 죽도를 내리고 몸을 빼내는 상대나 뒤로 물러나는 상대에게 유효하다.

　최초의 면(面)이 무효가 되고 상대와의 간격이 좁아졌을 때는 발처리를 잘하여 후퇴하면서 면(面)을 치거나, 몸 충돌로 상대의 자세 또는 대비를 무너뜨리고 친다. 그 때 상대가 후퇴하면 뛰어들면서 치고, 그대로라면 후퇴하면서 친다. 이러한 것도 상대의 움직임을 재빨리 찰지하여 변화시키면 효과적이다.

3 ──선제(先制)기술

1.선제 면(面)

① 1족 1도의 간격으로 중단 자세를 취하여 기회를 본다.

② 상대가 나오려고 하거나 치려고 하는 동작을 간파하여 작은 동작으로 재빨리 죽도를 올린다.

③ 주저하지 않고 오른 발로부터 내딛이면서 내리친다.

④ 죽도를 올리는 동작이 작기 때문에 양 손목을 꽉 조르면서 예리하게 정면(正面)을 친다.

◇ 상대도 나오게 되므로 간격을 생각하고 행동해야 한다.

◇ 상대의 움직임에 현혹되지 않도록 주의해야 한다.

◇ 언제나 앞으로 나갈 수 있는 체세로 상대를 대하고 있어야 한다.

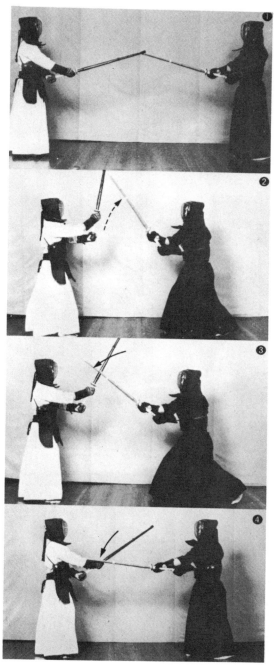

3 —선제(先制)기술

2. 선제 소 수 (小手)

① 1족 1도의 간격으로 중단 자세를 취하여 기회를 본다.

② 상대가 공격하려고 오른발을 내딛이면서 손을 올리는 순간 오른 소수(小手)를 치는 동작에 들어간다.

③ 죽도를 작은 동작으로 재빨리 올려 오른발로부터 한 발 내딛이면서 내리친다.

④ 죽도를 올리는 동작이 작으므로 양 손목을 꽉 조르면서 예리하게 오른 소수(小手)를 친다.

4 —— 물러서면서의 공격 기술

1.물러서면서 면공격

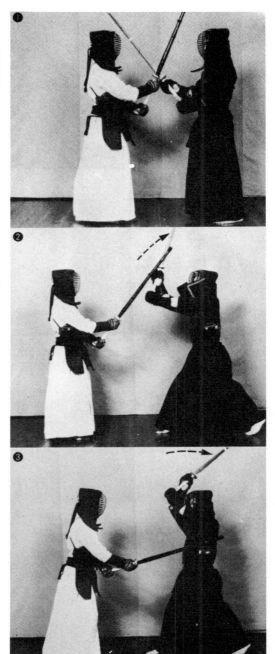

① 쇠테 경합 중 기회를 보거나,몸충돌로 자세를 무너뜨리고 한다. 만일 상대가 물러서면 언제라도 앞으로 나갈 수 있는 체세를 유지한다.

② 상대의 손을 밀고 그 반동으로 밀고 올때 죽도를 올린다.

③ ④ 왼발로부터 한 발 뒤로 물러서면서 재빨리 죽도를 올린다.

⑤ 왼발에 중심을 이동시키고 예리하게 내리친다.

⑥ 양 손목을 꽉 조르면서 정면(正面)을 친다. 치는 순간 상체가 뒤로 젖히지 않도록 주의할 것.

◇ 죽도의 하부로 치는 일이 없도록 간격을 고려해야 한다.

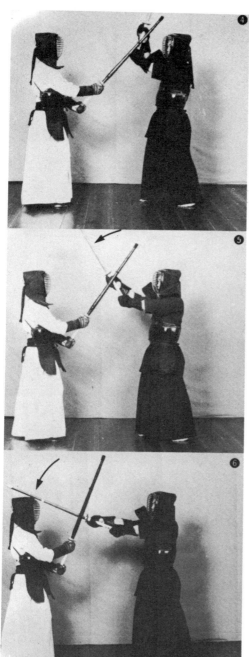

☆ **실전 포인트** ──

　실전에서는 물러서기 공격은 완전히 상대의 체세를 무너뜨리지 않으면 상대에게 유리한 상황을 주고만다. 반대로 상대가 물러서면서 공격하면 언제나 앞으로 나가야 한다는 것을 잊어서는 안된다.

◇ 최근의 고교·대학생의 시합에 있어서 라인 곁에서 물러서면서 공격하고 장외로 나가는 일이 많으나 그다지 좋게 생각되지 않는다.

●**물러서면서 면(面)·무너뜨리기와 발처리**

　기회를 봐서 상대의 손목을 밀고, 상대가 밀고 오는 힘을 이용하여 한 발 물러서면서 예리하게 순간적으로 상대의 손목을 누르고 무너뜨린다.

4 ──물러서면서의 공격 기술

2.물러서면서 소수(小手)공격

① 쇠테 경합에서 기회를 보거나,몸충돌로 상대의 자세를 무너뜨리고 한다.

② 상대의 손을 밀면 상대는 그 반동으로 밀고 온다.

③④상대가 밀고 왔을 때 왼발을 왼쪽 비스듬히 뒤로 물러서면서 작은 동작으로 재빨리 죽도를 올린다.

⑤ 오른발을 왼발에 끌어붙이면서 재빨리 내리친다.

⑥ 양손목을 꽉 조르면서 우소수(右小手)를 친다. 그 때 왼발의 발꿈치가 바닥에 닿지 않도록 주의해야 한다.

◇ 안이하게 물러서면 상대의 공격을 받게 되므로 상대를 완전히 무너뜨리는 일이 중요하다.

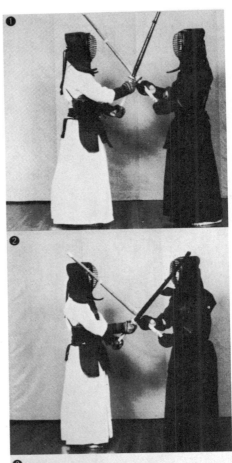

☆ 실전 포인트 ──
　어려운 기술이므로 뛰어난 테크닉이 필요하다. 치는 기회와 발처리, 몸처리의 3박자가 맞지 않으면 잘되지 않는다.

　● 물러서면서　소수 (小手) ·　무너뜨리는 방법과 발처리
　기회를 봐서 상대의 손을 눌러 밀고오는 상대의 힘을 이용하여　왼쪽으로 비스듬히 뒤로　물러서면서 왼쪽에서　오른쪽으로 예리하게 순간적으로　무너뜨린다.

3.물러서면서 동(胴) 공격

① 쇠테 경합에서 기회를 보거나, 몸충돌로 상대의 자세를 무너뜨리고 한다.

② 상대의 손을 밀고 상대가 그 반동으로 밀고 온다.

③ 상대의 반동을 이용하고 밑에서 위로 밀어올린다.

④ 왼발로부터 한 발 뒤로 물러서면서 죽도를 올린다.

⑤ 오른발을 왼발에 끌어 붙이면서 오른쪽 동(右胴)을 친다.

⑥ 양 손목을 안으로 조르면서 칼날 방향을 정확하게 하여 오른쪽 동(右胴)을 친다. 이 때 상체가 앞으로 기울이지 않도록 할 것.

◇ 물러설 방향은 왼쪽으로 비스듬히 뒤로 나가도 무방하다.

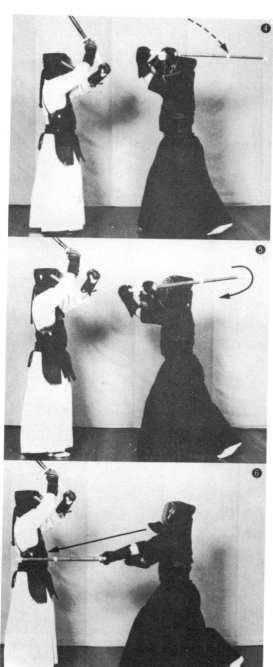

●물러서면서　　동
(胴) 치기 · 자세　무너
뜨리기와 발처리

　기회를 보고 상대의 손
을 밀고 그 반동으로　밀
고 오는 상대의 힘을 이용
하여 밑에서 위로 예리하
게 순간적으로 상대의 손
을 밀어올린다.

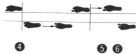

❹　　　　　　❺❻

5 ── 한 손 공격

1. 한 손으로 면치기

① 1족 1도의 간격으로 중단 자세를 취하여 기회를 본다.

② 오른발을 내고 공격한다.

③ 상대가 검선을 내리고 후퇴할 때, 왼발을 오른발에 끌어붙여 오른손을 놓아 왼손을 정중선상으로 치켜올린다. 왼발을 오른발에 끌어 붙이는 것과 함께 오른손은 허리 위쪽에, 왼손은 정중선상으로 올린다.

④ 끌어붙인 왼발을 재빨리 왼쪽으로 비스듬히 앞으로 내면서 손을 왼쪽으로 튼다.

⑤⑥ 오른발을 왼발에 끌어붙이면서 왼손을 펴고 손목을 이용하여 오른쪽 면(面)을 친다.

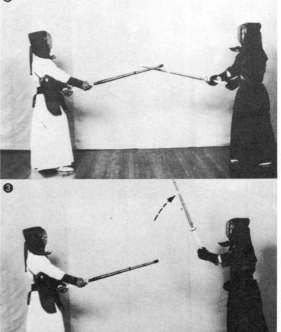

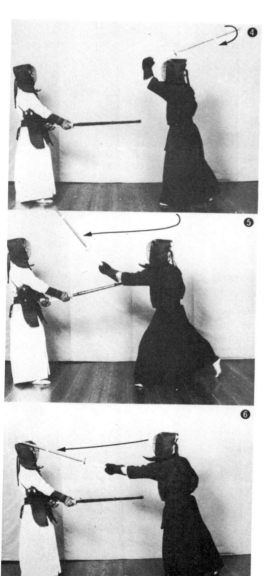

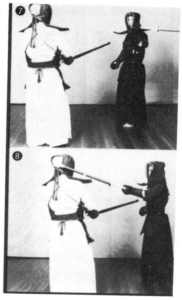

● 한 손으로 면(面) 치기 · 나쁜 예

⑦ 칼끝(劍先)이 밑으로 향하고 너무 옆으로 돌고 있다. 상체가 왼쪽으로 기울고 있다. 왼손 주먹이 몸에서 벗어나고 있다.

⑧ 왼손 팔꿈치가 굽어져 있었다. 친 부위가 왼쪽 귀 위치에 있고 손목에 힘이 없다. 이렇게 치면 상대의 고막을 파열시킨다.

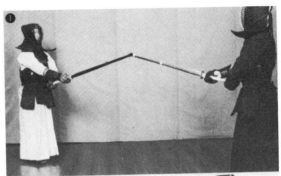

5 ── 한 손 공격
2. 한 손으로 찌르기

① 1족 1도의 간격으로 중단 자세를 취하여 기회를 본다.

② 오른발을 내면서 공격한다.

③ 상대가 공격을 피해 검선을 내리고 후퇴할 때 왼발을 오른발에 끌어붙인다.

④ 오른발로부터 내딛이며 오른손을 놓는다.

⑤ 왼팔 팔꿈치를 펴고 재빨리 목을 찌른다. 오른손은 허리 오른쪽에, 또는 오른쪽 하부에 붙인다.

⑥ ⑦ 찌르는 순간에는 손목을 안쪽으로 꽉 조른다. 허리에서 나가는 듯이 한다. 찌른 후에는 왼발을 오른발에 재빨리 끌어붙이고 왼손을 끌어내려 중단 자세로 되돌아간다.

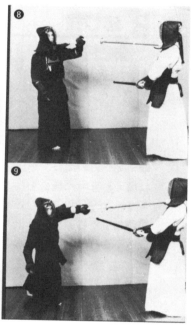

● 한 손으로 찌르기
· 나쁜 예

⑧ 왼쪽 손목의 조르는 힘이 없다. 찔렀을 때 엄지손가락이 옆으로 향하고 있어서는 안된다.

⑨ 오른손이 허리의 오른편에 붙어 있지 않다. 왼발이 앞으로 나와 있다.

B. 응용기

1 ── 빼내기

1. 소수(小手) 빼내기 면(面)

① 1족 1도의 간격으로 중단 자세를 취하여 서로 기회를 본다.

②③ 상대가 죽도를 올리고 소수(小手)를 치는 동작에 들어갔을 때는 아직 중단 자세로 있다. 상대가 내리치기 시작하는 것과 함께 왼발을 뒤로 물러나면서 정중선상으로 재빨리 죽도를 올린다.

④ 양팔을 머리 위까지 올리고 소수(小手) 치기를 완전히 빼낸다. 양팔을 조금만 올렸을 경우에는 소수(小手) 치기를 당한다.

⑤ 오른발로부터 내딛이면서 정면(正面) 치기 동작에 들어가고 상대가 대응하기 전에 재빨리 치고 들어간다.

⑥ 양손목을 안쪽으로 조르면서 정면을 친다.

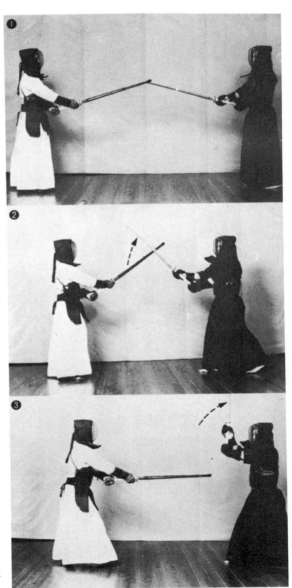

●④ 일 때의 나쁜 예

상체가 뒤로 젖혀져서 왼발의 발꿈치가 바닥에 닿고 있다.

• 상대의 소수(小手) 치기를 빼낼 때의 발처리

❷ ❸

• 상대의 소수(小手) 치기를 빼냈을 때의 발처리

❹

• 면(面)을 쳤을 때의 발처리

❺ ❻

2. 면(面) 빼 내기 동(胴)

① 1족 1도의 간격으로 중단 자세를 취하여 기회를 본다.

② 상대가 죽도를 올리고 면(面)을 치는 동작에 들어간다.

③ 정중선상으로 올리면서 오른발을 오른쪽으로 비스듬히 앞으로 내고 오른쪽 동(右胴)을 치는 동작에 들어간다.

④ 머리 위에서 두 손을 오른쪽으로 튼다.

⑤ 상대가 내리치기 시작하는 것과 동시에 내리친다.

⑥ 허리, 오른팔을 마음껏 펴고 칼날쪽을 정확히 하여 오른쪽 동(右胴)을 친다. 이 때 상체가 앞으로 기울어지지 않도록 허리를 편다. 상대로부터 떨어지지 않도록 상대 몸과 충돌하는 듯이 스쳐나가면서 친다.

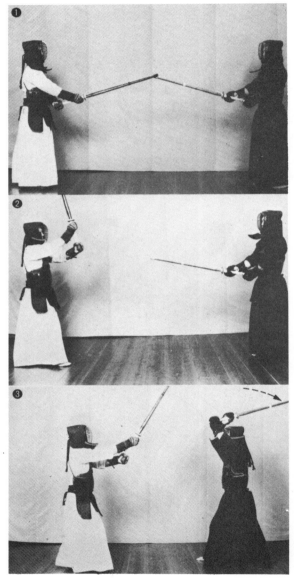

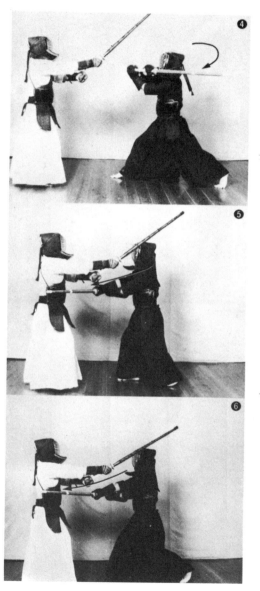

• 오른쪽으로 비스듬히
앞으로 이동할 때의 체세
와 발처리(③ ④)

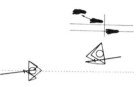

• 동(胴)을 쳤을 때의
위치와 발처리(⑤ ⑥)

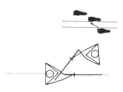

1 ── 빼내기

3.면(面) 빼 내기 면(面)

① 1족 1도의 간격으로 중단 자세를 취하고 기회를 본다.

② 상대가 기회를 보고 간격을 좁히고 면(面)을 치는 동작에 들어간다.

③ 오른발을 오른쪽으로 비스듬히 앞으로 내면서 죽도를 올린다.

④ 상대가 내리치는 것과 동시에 오른발을 완전히 오른쪽으로 비스듬히 앞으로 내며 몸을 연다.

⑤⑥ 왼발을 오른발에 끌어붙이면서 재빨리 내리친다.

⑦⑧ 몸을 열고 상대의 전면에서 면(面)을 친다. 이 때 상체가 뒤로 젖혀지지 않도록 할 것.

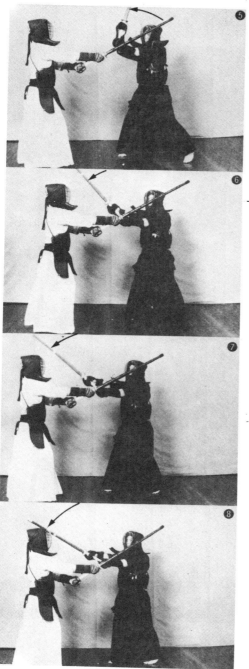

• 면(面)을 빼내기 위
하여 이동하고 있을 때의
체세와 발처리(③④)

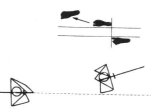

• 면(面)을 쳤을 때의
위치와 발처리(⑤~⑧)

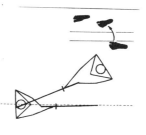

※ '면(面) 빼내기 동
(胴)'의 발처리와는 다르
다.

2 ── 대응(対応)

1. 면(面) 대
응 동(胴)

① 1족 1도의 간격으로 중단 자세를 취하여 기회를 본다.

② 상대가 죽도를 올리고 오른발로부터 한 발 내딛이며 면(面)을 치기 시작한다.

③ 상대가 면(面)을 치려고 할 때 자신의 죽도의 왼쪽으로 응하면서 오른발을 오른쪽으로 비스듬히 앞으로 낸다.

④ 머리 위에서 양손을 왼쪽으로 틀고 재빨리 오른쪽 동(右胴)을 치는 동작에 들어간다.

⑤ 오른발을 완전히 오른쪽으로 비스듬히 앞으로 내어 재빨리 내리치고 칼날 방향을 정확히 하여 오른쪽 동(右胴)을 친다. 이 때 상체가 앞으로 기울어지지 않도록 허리를 편다.

◇ 응하는 죽도의 위치는 가깝게 또 가볍게 받는 것이 낫다.

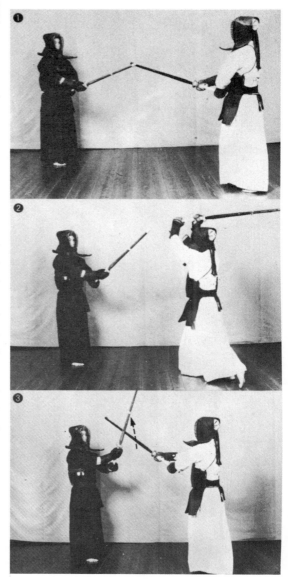

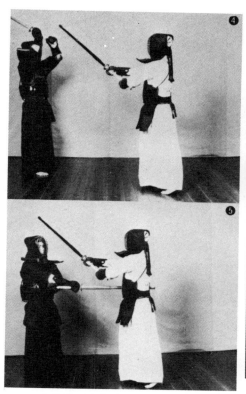

• 상대의 면(面)에 응했을 때의 체세와 발처리 (③)

• 동(胴)을 쳤을 때의 위치와 발처리(⑤)

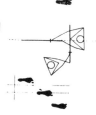

● 대응 동(胴) · 나쁜 예

⑥ 상체를 젖히고 피하고 있다. 또 손으로 피하고 있다.

⑦ 옆에서 본 것.

⑧ 앞에서 본 것.

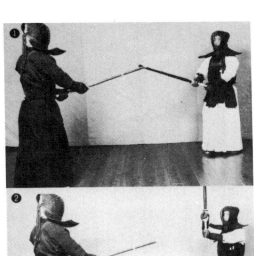

2 —— 대응(対応)
2. 소수 대응 면(面)

① 1족 1도의 간격에서 중단 자세를 취하여 기회를 본다.

② 상대가 죽도를 올려 소수(小手)를 치는 동작에 들어간다.

③ 상대가 소수(小手)를 치려고 한다. 동시에 왼발을 왼쪽에 내고 검선(칼끝)을 오른쪽으로 이동시켜 응하는 동작에 들어간다.

④ 왼발을 완전히 왼쪽으로 내고 상대의 소수(小手) 치기를 자신의 죽도의 왼쪽에서 받으면서 손목을 부드럽게 상대의 힘을 이용한다.

⑤ ⑥ 오른발을 왼발에 끌어붙이면서 손목을 유연하게 하여 검선을 밑으로 돌리고 올린다.

⑦ ⑧ 오른발로부터 한 발 내딛으며 재빨리 내리친다. 이 때 간격이 너무 좁아지지 않도록 해야 한다.

◇ 발처리를 이용하여 응한다.

◇ 응할 때는 손목을 부드럽게 상대가 소수(小手)를 치는 힘의 반동을 이용한다.

• 소수(小手)에 응하였을 때의 체세와 발처리 (③~⑥)

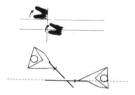

• 면(面)을 쳤을 때의 위치와 발처리 (⑦⑧)

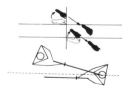

3 ── 스쳐올리기

1.면(面)스
쳐올리기 면

① 1족 1도의 간격으로 중단 자세를 취하여 기회를 본다.

②③ 상대가 죽도를 올리고 면(面)을 치는 동작에 들어간다.

④⑤ 상대가 오른발로부터 한발 내딛이며 면(面)을 치기 시작한다. 동시에 스쳐올리는 동작에 들어가고 오른발을 오른쪽으로 비스듬히 앞으로 내고 호(弧)를 그리며, 상대의 죽도를 자신의 죽도의 왼쪽에서 예리하게 스쳐올린다.

⑥ 오른발을 완전히 오른쪽으로 비스듬히 앞으로 내면서 죽도를 올린다.

⑦ ⑧ 왼발을 오른발에 끌어붙이고, 상대에 정면으로 대하여 재빨리 내리면서 면(面)을 친다. 상대는 전진해 오므로 간격이 좁혀지기 쉽다. 그래서 스쳐올리고 공격할 때까지의 동작이 빨라야 한다.

• 스쳐올렸을 때의 체세와 발처리(④ ⑤)

• 면(面)을 쳤을 때의 위치와 발처리(⑥~⑧)

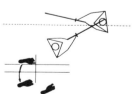

3 —— 스쳐올리기

2.면(面) 스 쳐올리기 동

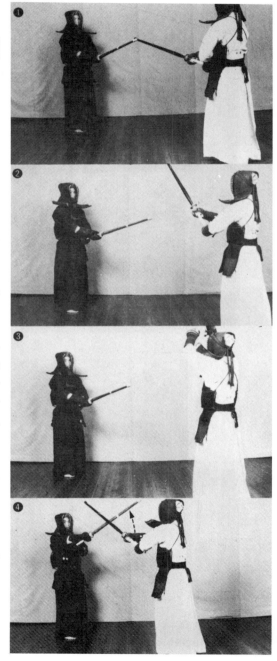

① 1족 1도의 간격으로 중단 자세를 취하여 기회를 본다.

② ③ 상대가 죽도를 올려 면(面)을 치는 자세에 들어간다.

④ 상대가 오른발로부터 한 발 내딛이며 면(面)을 친다. 동시에 두 손을 틀어 호(弧)를 그리며 상대의 죽도를 자신의 죽도의 오른쪽으로 예리하게 스쳐올린다.

⑤ 스쳐 올리면서 오른발을 비스듬히 오른쪽 앞으로 낸다.

⑥ 스쳐올린 죽도를 머리 위까지 올려 양손을 왼쪽으로 튼다.

⑦ ⑧ 오른발을 완전히 오른쪽으로 비스듬히 앞으

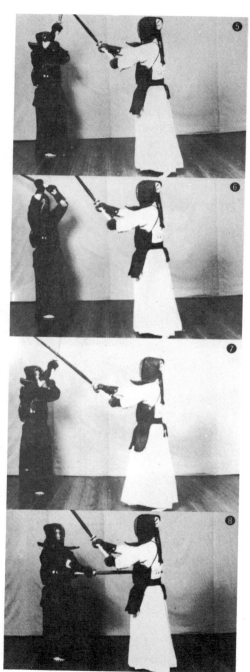

로 내고 칼날쪽을 정확하
게 하여 재빨리 내리치면
서 오른쪽 동(右胴)을 친
다. 상체가 앞으로 기울
어지지 않도록 허리를 펴
고 왼발은 오른발에 끌어
붙인다.

◇스쳐올릴 때는 칠 때
처럼 손목을 안으로 조른
다.

• 면(面)을 스쳐올렸을
때의 체세와 발처리(④⑤)

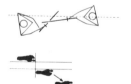

• 동(胴)을 쳤을 때의
위치와 발처리(⑦ ⑧)

3 —— 스쳐올리기
3. 소수 스쳐올리기 면

① ② 1족 1도의 간격으로 중단 자세를 취하여 기회를 본다. 상대가 죽도를 올려 소수(小手)를 치는 동작에 들어간다. ③ ④ 상대가 소수(小手)를 치기 시작한다. 동시에 손을 왼쪽으로 틀면서 호(弧)를 그리는 듯이 하여 자신의 양팔을 앞으로 뻗어 올리는 도중 자신의 죽도의 오른쪽으로 예리하게 스쳐올린다.

⑤ ⑥ 그대로 튼 양팔을 제자리로 되돌리면서 재빨리 올린다.

⑦ ⑧ 스쳐올리기, 내리치기에서 손목을 이용하여 면(面)을 친다. 이 기술은 동작이 작기 때문에 양손목을 예리하게 안쪽으로 조른다.

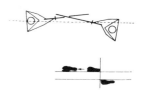

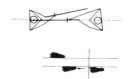

● 소수(小手)를 스쳐올
릴 때의 체세와 발처리
(③④)

● 면(面)을 쳤을 때의
위치와 발처리(⑦⑧)

● 소수(小手) 스쳐올리
기 면(面)·나쁜 예
　⑨ 자신쪽으로 끌어당
기는 듯이 스쳐올린다. 이
경우 스쳐올리는 위력이
없어 상대에게 말려들어
가 연속 공격을 당한다.

4 ── 내리 치기
1.소수(小手) 내리치기 면

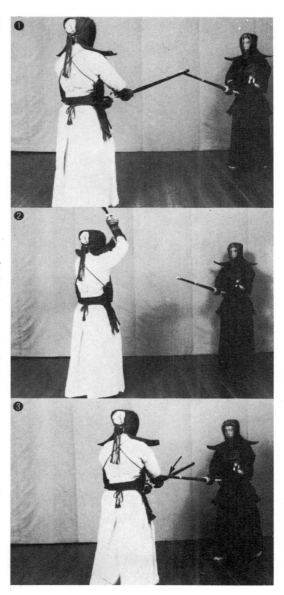

① 1족 1도의 간격으로 중단자세를 취하여 기회를 본다.

② 상대가 죽도를 올리고 小手를 치는 동작에 들어간다.

③④ 상대가 小手를 치기 시작한다. 동시에 왼발을 비스듬히 왼쪽 뒤로 약간 열고 재빨리 죽도를 올리고 쳐서 떨어뜨리는 동작에 들어가 왼발의 발꿈치가 바닥에 닿지 않도록 한다. 상대의 죽도의 중앙부에서 쇠테를 향해서 동작을 작게 예리하게 내리친다.

⑤⑥ 내리 친 후에는 재빨리 죽도를 올린다.

⑦ 작게 올리고 정면(正面)을 치는 동작에 들어간다.

⑧ 오른발로부터 내딛여 양 손목을 안쪽으로 조르며 정면(正面)을 친다.

◇상대가 소수(小手)를 친 후 전진해 오기 때문에 간격이 좁을 때는 후퇴를 해도 된다.

• 면(面)을 쳤을 때의 위치와 발처리(⑧)

4 ── 내리치기

2. 동(胴) 내리치기 면(面)

① 1족 1도의 간격으로 중단자세를 취하여 기회를 본다.

② ③ 상대가 죽도를 올리고 오른쪽 동(右胴)을 치는 동작에 들어간다.

④ 상대가 오른쪽 동(右胴)을 치기 시작한다. 동시에 왼발을 비스듬히 왼쪽 뒤로 열고 재빨리 죽도를 쳐올리는 동작에 들어간다. 이 때 왼발의 발꿈치가 바닥에 닿지 않도록 조심할 것.

⑤ 오른발을 왼발에 끌어붙이면서 상대의 쇠테를 잘게 또 예리하게 내리친다.

⑥ 내리친 후에는 재빨리 죽도를 올린다.

⑦ ⑧ 작은 동작으로 죽도를 올리고 面을 친다. 상대와의 간격을 고려하여, 그때 그때 내딛는 발을 생각해야 한다. 순간적인 판단이 필요하다.

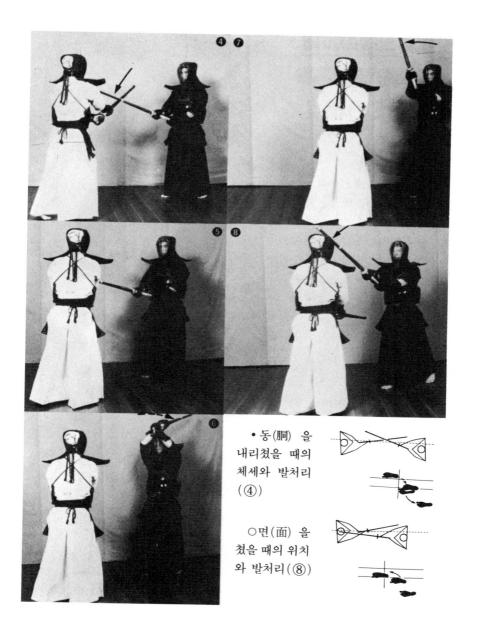

• 동(胴) 을
내리쳤을 때의
체세와 발처리
(④)

○면(面) 을
쳤을 때의 위치
와 발처리(⑧)

C. 상단의 기술

1 —— 상단

1. 상단준비

좌형상단(左形上段)

① ② 중단의 자세에서 왼발을 한 발 내딛고 죽도를 머리 위에서 왼손 주먹의 밑에서 상대의 전신이 보일 때까지 올린 자세이다. 왼손 주먹의 수직선(垂直線)에 왼발이 있도록 한다.

우형상단(右形上段)

③ ④ 중단의 자세에서 왼손 주먹으로 바꿔 잡고 죽도를 머리 위에서 오른쪽 주먹의 밑에서 상대의 전신이 보일 때까지 올린 자세이다. 오른손 주먹의 수직선에 오른발이 있도록 해야 한다.

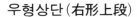

1 — 상 단

2. 상단의 마음가짐

● 상단의 마음가짐

1 = 좌형상단의 자세를 취했을 때 자루끝(板頤)을 잡는 왼손의 위치는 약 1 cm 사이를 둔다.

2 = 자세를 취했을 때 상중단(相中段)에서 상대를 충분히 압박하고 나서 왼발을 한 발 내딛는다.

3 = 충실한 기세로 철저하게 공격하는 마음으로 준비한다.

4 = 상대를 위압하고 조금이라도 후퇴하거나 도망갈 마음이 있어서는 안된다.

5 = 마음의 준비없이 상단 자세를 취하면 취한 순간에 공격을 당하게 되므로 조심해야 한다.

● 상단에 대한 마음가짐

1 = 간격에서 벗어난다. 공격 거리보다 멀리 있거나, 또는 마음먹고 접근한다.

2 = 검선을 왼쪽 소수(左小手) 또는 왼손 주먹에 붙인다.

3 = 끊임없이 목, 가슴을 찌른다는 마음으로 공격한다.

4 = 왼쪽 소수(左小手)를 공격하면서 오른쪽으로 이동한다.

5 = 상단은 중단에 대해서 정면을 치는 것이 주안이기 때문에 상단의 자세에 동요되지 않고, 정면을 치고 올 경우에는 이것에 응하여 상대의 왼쪽 동(左胴)을 치는 것을 잊지 않도록 할것.

2 ── 상단 기술
1. 정면치기

① 좌형 상단의 자세를 취하여 기회를 본다. 크게 자세를 취하고 위로부터 위압한다.

② 상대가 나오고 들어가는 기선(機先)을 잡고 왼발로부터 한 발 내딛이며 두 손으로 칠 때처럼 정중선상으로 내리친다.

③ 오른손으로 자루를 앞으로 밀어내면서 속도를 가한다.

④ 정면을 치는 순간은 왼팔을 마음껏 펴고 왼손을 안으로 조른다. 치고난 후에는 오른발을 왼발에 빨리 끌어붙이고 상체가 앞으로 기울어지거나 흩어져서는 안된다.

2 —— 상단 기술
2.우소수(右 小手)치기

① 좌형 상단 자세로 기회를 본다. 크게 자세를 취하여 위에서 위압한다.

② 상대의 검선이 올라가거나 왼쪽으로 이동하는 기회를 포착하여 상대의 죽도의 연장선상을 넘어서 자신의 죽도를 머리위에서 왼쪽으로 돌리면서 왼발을 비스듬히 왼쪽 앞으로 한 발 내디디며 재빨리 내리친다.

③ 상대의 죽도를 따라내리치면서 오른손으로 자루를 앞으로 밀어내면서 속도를 가한다.

④ 오른쪽 소수(右小手)를 치는 순간에 왼팔,왼쪽 손목을 마음껏 펴고 왼손을 안으로 조른다. 치고난 후에는 오른발을 왼발에 끌어붙여 상체가 앞으로 기울어지지 않도록 한다.

3 — 상단에 대응 하는 기술

1. 왼소수(左 小手)치기

① 좌형 상단에 대하여 중단 자세를 취한다. 검선은 상대의 왼손 주먹에 향하게 한다.

② ③ 찌르기나 오른쪽 소수(右小手)를 견제하여 공격, 상대를 동요시킨다. 기회를 보아 주저없이 죽도를 올리는 동작을 작게 하여 마음먹고 오른발로 부터 한 발 내딛는다.

④ 왼쪽 소수(左小手)에 대해서 직각으로 내리치고, 오른팔을 마음껏 펴고 두 손목을 안으로 조르며 왼쪽 소수(左小手)를 친다. 치고난 후에는 왼발을 오른발에 끌어붙여 상체가 앞으로 기울어지지 않도록 한다.

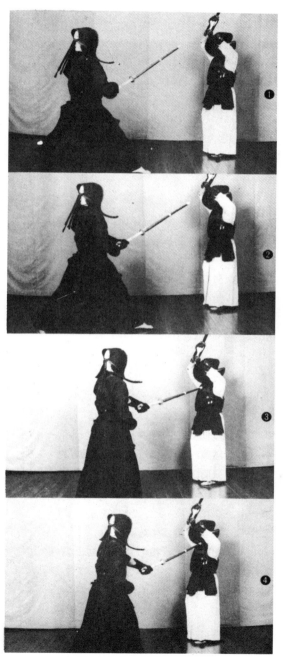

3 ── 상단에 대응 하는 기술

2. 찌르기

① ② 좌형 상단에 대응하여 중단자세를 취한다. 검선은 상대의 왼손 주먹에 향하게 하여 왼손의 소수를 견제하면서 기회를 포착하여 오른손을 놓고 오른발부터 한발 내딛는다.

③ 오른손은 허리 오른쪽을 잡고 왼손은 안쪽으로 조르면서 동(胴) 가슴을 겨누고 확실하게 내딛는다. 찌른 후에는 왼발을 오른발에 끌어 붙이고 왼손을 재빨리 빼내어 원래의 중단 자세로 되돌아간다.

④ 목 찌르기

◇연습의 단계로서 처음에는 동(胴) 찌르기를 반복 연습하여 충분히 할수 있게 되면 마지막으로 목을 찌른다. 상단에 대응하는 시합에서는 목 및 가슴찌르기 어느 것이나 유효로 인정된다.

제 4 장
연습 계획과 그 방법

연습이란, '옛날을 생각한다' 고
하는 의미가 있어 검도 문화의 전
승방법이 되어 오기도 했다.

고래로부터 전승되고 있는 무도나 다도(茶道)·화도(華道) 그 밖의 예도(芸道)의 경우, 스포츠에 있어서의 훈련이나 트레이닝의 일을 연습이라고 부르는 경우가 많다.

검도의 연습은 날마다 쌓아올리는 일이 중요하며 그것은 단순한 연습이 아니고 계획성을 가진 연습이 필요하다. 검도의 숙달을 바란다면 바른 연습의 계획안을 세우고 다음의 원칙을 준수하지 않으면 안된다.

● **의식성** = 각자가 자신은 검도에 대하여 의식적이라는 것. 처음에는 지도자의 모방이라도 좋으니 검도의 바른 자세 동작을 몸에 익히고 그것을 이해하는데 노력한다.

● **적극성** = 검도에 대해서 흥미 있는 이야기, 잡지, 지도서 등을 읽을 것, 훌륭한 지도자의 강습회에도 참가하고 검도에 흥미를 가지고 적극적인 연습 태도를 몸에 익힌다.

● **직관성(直觀性)** = 이것을 기르게 되면 풍부한 운동감각이 생기게 되고 주의력이 활발해진다. 그것을 위해서는 좋은 모델을 많이 보는 것이 중요하다.

● **도달성(到達性)** = 그룹 전체의 도달목표, 각자의 목표를 세우고 연습 과제는 능력범위내의 것으로 한다.

● **착실성** = 목표 달성을 위해서는 장기간 쉬는 일이 없이 착실히 노력할 것. 쉬운 기술로부터 고도의 기술로 단계를 따라 반복하여 연습할 것.

● **조직성** = 학교의 과외활동에 있어서 그룹은 작은 사회라고 할 수 있다. 각자가 자각을 가지고 협력하여 화합의 정신으로 활동한다.

　이러한 원칙에 따라 검도를 하여 신체적·정신적·기술적· 사회
적으로 성장하여 장래 사회에 기여할 수 있는 인간이 되는 것이 검
도 수행(修行)의 목적이다.
　또 최근 여성의 검도 애호가가 증가하고 있는데 여성의 경우에는
신체적으로나 생리적으로 남성과 다른 점이 있으므로,　개인적으로
도 면밀한 계획을 세우는 일이 요구된다.

1──계획적인 연습법

　검도는 심신의 건전한 발달과 기술의 습득, 나아가서 그것을 통하여 배운 것을 일상생활에 연결하게 하고 혹은 신체적·정신적·사회적으로도 향상시키는 것을 목적으로 하고 있다. 그러므로 학교의 그룹활동 중에서도 중요한 위치를 차지하고 있다. 최근에는 남자부원뿐만 아니라 여자부원도 증가추세에 있다. 그래서 한 사람이라도 많은 사람이 검도를 알고 이해하고 도중에서 중단하지 않고 계속하여 해나갈 수 있는 바른 연습계획을 세우고 실행하지 않으면 안된다.

　그 제1의 포인트는 공부와 그룹활동이 양립할 수 있는　계획을 세워야 한다. 부원수, 성별, 연령, 실시장소, 내용, 방법, 질(質), 양(量) 등을 고려해야 한다. 즉 부원 전체의 체력·방구의 수량을　생각하여 도장의 넓이에 따라 연습시간(보통 방과후에 한다)·연습내용·연습방법 등을 고려한다. 필요이상으로 시간을 증가시키는 일은 건강을 해치고 상해의 원인이 된다. 이것은 지도자나 상급생의 판단에 의한 것이며 항상 부원 전체를 파악하고 있지　않으면 안된다.

　제2의 포인트는 제1의 포인트를 숙고하여 연간 계획표를　작성하는 일이다. 전국대회 승단(昇段)심사 등의 예정과 학교행사,　테스트기간, 방학 등의 예정을 표에 기입한다. 이것은 그룹전체와 개인적인 것과 두 개를 작성하는 것이 바람직하다.

　제3의 포인트는 대회까지의 계획표를 작성하는 일이다.　대회까지의 일수를 계산하고 2, 3 개월 전에 예정되어 있을 경우에는 기본기, 응용기, 약속연습에 중점을 두어 충분히 반복 연습하여 지구력이나 자력을 가지도록 하는 것이 중요하다. 특히 기본기와 응용기 특히 공격기가 중요하며 앞으로 나가 공격하는 것을 유의하고 있어야 한다. 대회 1개월 전부터 1 대 1의 연습시간을 서서히 증가시키고 자기 심판으로 상대와의 간격이나 공격술을 연습한다. 동시에 정식 시합장을 마련하여 심판을 두고 시합규칙에 따라 시합을 해보기도하여 경험을 쌓는다는 의미로 타교와의 시합을 시도해 보는 것도 하나의 방법이 된다. 대항시합은 물론 승부를 다투는 것이지만 거기에만 집착하지 말고 상대팀의 검풍(劍風), 시합 태도 그밖의 태도 등도 참고로 하는 것이 중요하다. 또 검도 시합규칙·심판규칙을 모르고 시합에 참가하는 일이 없도록 평시에도 잘 연구해 놓아야 한다.

제4의 포인트는 하루의 연습시간의 배분을 제 1에서 제 3의 포인트까지의 요소를 숙고한 형에 고정된 것이 아니고 임기응변에 유동적으로 계획을 세우는 일이다. 이것은 초보자로부터 경험자까지 함께 연습을 하는 것이기 때문에 개성이나 실력을 존중한 것이 아니면 안된다.

이와 같이하여 바른 계획에 기초를 둔 연습을 실행하고 부원 전체가 협력해 나간다면 의욕이 생긴다. 또 시합은 한정된 인원밖에 나가지 못하기 때문에 그 이외의 사람들은 팀의 응원으로 한다. 출장자에 대해서 기분좋게 박수를 보낼 수 있는 인간관계를 평시부터 가지도록 해야 한다. 시합의 1, 2주일 전부터는 심신을 조정하고, 전일의 연습은 조정할 정도로 가볍게 하고 방구, 죽도, 연습복 등에 파손이 없는가를 확인하고 만일 파손이 있는 경우에는 완전한 것으로 하고 시합에 대비할 마음가짐이 필요하다.

그리고 의욕과 흥미의 점에서 시험전의 1주일간은 자유연습이나 적당한 휴식이 바람직하며, 시험이 끝난 후에 갑작스러운 엄한 연습은 하지 말 것이며, 기본적인 기술을 중심으로 서서히 본 연습 상태로 돌아가도록 한다.

2 —— 중학생의 계획적 연습법과 기본예(基本例)

검도는 일순의 승부를 다투는 경기이다. 평시의 연습에서도 긴장을 풀지 않고 기력을 충실히하여 상대에 향하지 않으면 안된다. 동시에 연습의 중간 이동 등에도 엄숙하고 절도있는 동작으로 행동하고, 긴장을 잃은 동작은 그대로 상대와 마주봤을 때 직접 자세나 태도에 나타나는 것이기 때문에 긴장을 풀어서는 안된다. 특히 검도는 죽도로 서로가 치고 몸싸움을 사용하는 것으로써 긴장을 풀고 있으면 상처를 입게 되는 우려가 있다. 그러나 마음을 충실히하여 한다면 다치는 일은 없다. 연습중에 다치게 되었을 때는 자신에게도 적지 않는 책임이 있는 것이다.

다음 페이지의 표는 중학생의 1회의 연습계획과 유의사항이지만 연습시간을 1시간 40분으로 하여 짠것이다.

① 준비운동 ② 기초연습 ③ 약속연습 ④ 총합연습 ⑤ 기본기 및 대응공격 ⑥ 정리운동의 순서로 하고 시간의 배분은 지도자 및 상급생이 「그룹활동의 계획적인 연습법」의 제 1에서 제 4의 포인트를 숙고하여 실시한다. 또 1주일에 1회 지도자를 중심으로하여 요일을 정하여 회합하여 1주일간의 반성이나 다음 주의 계획을 부원 전체가 의논하고 상호간의 화목을 도모하는 것도 중요하다. 각각의 연습의 대형(隊形)과 이동방법은 「고교생의 계획적인 연습법」의 기본예를 참고로 할 것.

시 간	연 습 내 용	유 의 사 항

시 간	연 습 내 용
10 분	준비운동
10 분	발처리 · 그대로치기 　전진 후퇴 상하 치기 　전진 후퇴 정면 치기 　전진 후퇴 좌우 면치기
20 — 5 분	전진 후퇴 도약 정면 치기 방구(防具) 착장(着裝) 기술을 경습하는 대형 (隊形)을 만든다.
30 — 15 분	기본 · 응용기(技)의 연습 대응(対応)
40 — 5 분	기본기 　응용기 착장(着裝)과 죽도의 확인 총합 연습의 대형을 만든다.
50 — 10 분	처들어가기 연습 공격연습
60 — 5 분	착장과 죽도의 확인 각자 연습의 대형을 만든다
70 — 20 분	각자 연습
80 — 10 분	기본기 대응(対応)
90 — 5 분	소수, 면을 벗는다.
100 — 5 분	정리운동

유 의 사 항

① 방구 일절을 착장하지 않고　실시한다.

② 단순한 체조가 아니며 서서히 기분을 충실시켜가며 기합을 넣으면서 실시한다.

③ 발처리 · 그대로치기는 앞에 상대가 있다고 가정하여 똑바로 앞을 보고　실시한다.

④ 정좌하여 착장한다.

⑤ 초보자 단계에서는 많은 기술을 연습하기보다 기본기를 반복하여　연습할 것.

⑥ 숙달도에 따라 서서히 응용기를 연습하게 되지만 공격기를 중심으로하여 실시한다.

⑦ 착장의 확인은 정좌하여 한다.

⑧ 대형(隊形)의 이동은 절도　있는 동작으로 한다.

⑨ 공격 하나 하나를 똑바로 한다.

⑩ 기합을 넣어 한 번의 호흡으로 한다.

⑪ 죽도를 올리고 내려치는 동작은 크게 또 빠르게 한다.

⑫ 착장의 확인은 정좌하여 실시한다.

⑬ 대형의 이동은 절도있는 동작으로 한다.

⑭ 지휘는 지도자, 상급생 (특히 정신적으로나 기량적으로 확고한 자)이 한다.

⑮ 첫 번째는 꼭 빼앗는 기분으로 충실히 한다.

⑯ 초보자로서 방구를 착장하고 있지 않은 자는 지휘자에 대해서 공격, 대응 등의 연습을 한다.

⑰ 끝나기 전 5분 동안　동급생끼리 연습하는 것도 흥미가 있다.

⑱ 총합연습으로 무너진 자세, 공격법을 바로 잡는 의미에서 기본기　연습을 한다.

⑲ 정렬 정좌하여 소수(小手) · 면(面)는 벗는다.

⑳ 마지막에 심호흡을 한다.

3 —— 고교생의 계획적인 연습법과 기본예(基本例)

중학생과 같이 ① 준비운동 ② 기초연습 ③ 약속연습 ④ 총합연습 ⑤ 기본기와 대응 ⑥ 정리운동의 순서로 실시하고 연습시간은 두 시간으로 세워졌다. 시간의 배분은「그룹활동의 계획적인 연습법」의 제 1 에서 제 4 포인트를 숙고하여 실시 한다. 밑의 그림은 각각 연습 대형(隊形)과 이동방법, 다음 페이지의 표는 연습법의 기본예를 기입해 놓았다.

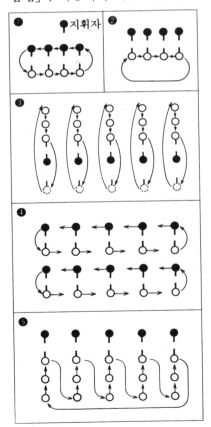

■ 연습의 대형과 이동방법

인원수와 장소에 따라 이동방법을 생각하여 합리적인 연습을 실시한다.

① ② —— 부원 수가 적을경우 ③ ④ —— 장소가 넓고 부원수가 많은 경우 ⑤ —— 장소가 협소하고 부원수가 많은 경우.

시 간	연 습 내 용	유 의 사 항
10분	준비운동	① 방구는 일절 사용하지 않고 실시한다.
10		② 단순한 체조처럼 하지 않고 기분을 충실히하여 실시한다.
10분	발처리 · 치기 　전진 후퇴 상하 치기 　전진 후퇴 정면치기 　전진 후퇴 좌우 면 치기 　전후 도약 정면 치기	③ 발처리 · 그대로치기는 상대와 대하고 있는 기분으로 한다.
20		
5분	방구의 착장 기술을 연습하는 대형을 만든다.	④ 정좌하고 착장한다. ⑤ 많은 기술을 배우고 자신에게 맞는 기술을 몸에 익히도록 유의한다. ⑥ 응용기는 공격기를 중심으로하여 한다.
30		
15분	기본 · 응용기의 연습	⑦ 초보자 단계에서는 많은 기술을 연습하기보다 기본기를 중심으로하여 한다.
40		
20분	이끌어주는 연습·공격연습	⑧ 하나 하나 착실하게 한다. ⑨ 기합을 넣어 단숨에 한다. ⑩ 죽도를 올리고 내려치는 동작은 크게 빨리한다.
50		
60		
5분	착장과 죽도의 확인 각자 연습의 대형을 만든다	⑪ 착장의 확인은 정좌하고 한다. ⑫ 대형의 이동은 절도 있는 동작으로 한다.
70		⑬ 지휘자는 지도자, 상급생(특히 정신적으로 기술적으로 확고한 자) 이 실시한다.
80		⑭ 기술이 미숙한 초보자 · 하급생은 지휘자에게 공격연습, 치고 들어가기 연습을 한다.
35분	각자 연습	⑮ 연습 종료 전 10분 동안은 동급생끼리 하는 것도 좋다.
90		⑯ 세 판 승부의 마음으로 진심으로 하며 처음 한 판은 꼭 이긴다는 결심으로 한다.
100		⑰ 총합연습에서 무너진 자세. 공격법을 바로 잡는 의미에서 기본기의 연습을 한다.
10분	기본기 · 대응	
110		
5분	소수(小手), 면(面)을 벗는다.	⑱ 정렬 정좌하여 소수(小手) · 면 (面)을 벗는다.
5분	정리운동	⑲ 방구를 벗는다.
120		⑳ 마지막에 심호흡을 한다.

4 —— 합숙의 계획적인 연습법과 기본예(基本例)

합숙은 보통 장기휴가 기간에 일수를 정하고 일정한 장소에서 부원 전부가 침식을 함께하고 정해진 일정으로 단체행동을 하게 되므로 면밀한 계획을 세우는 일이 중요하다.

① 학습기간의 일반적인 계획표
② 무리 없는 일정표
③ 1회의 연습시간의 배분표(오전·오후)를 작성한다.

합숙은 학교내에서 실시하는 것이 바람직하지만 시설 기타 환경으로 장소를 바꾸어 실시되는 경우도 있다. 보통 1주일간 실시되지만 효과 있는 계획을 세워 규칙 바르게 생활하고 위생면에도 주의하여 연습시간 외에는 휴식하고 피로가 축적되지 않도록 주의해야 한다. 또 집중적으로 실시하므로 실시방법에 따라 기술적으로도 정신적으로도 효과적인 연습을 실시할 수가 있고 특히 버릇을 고치는 좋은 기회가 되므로 기술의 연습을 충분히 하면 좋다. 최종일에는 반별 대항시합을 하는 것을 생각해 봐도 좋다.

〔주의점〕
○자유시간. 낮잠도 실시하여 과로를 방지한다.
○미이팅은 지도자를 중심으로 경험에 의한 검도강화나 시합규칙의 설명, 검도이론, 전술, 도덕적인 이야기를 하면 좋다.
○식사,청소,회계,구호,기록 등의 역할을 분담하여 전원이 협력한다.

▶ 하루의 일정표 …… 예(例)
● 수면 수면시간은 꼭 여덟 시간으로 할 것.
● 트레이닝 트레이닝은 기상 후 곧 하지 않고 가벼운 운동, 산책, 정도가 좋다. 또 형(形)의 연습을 하는 것도 하나의 방법이지만 30분으로

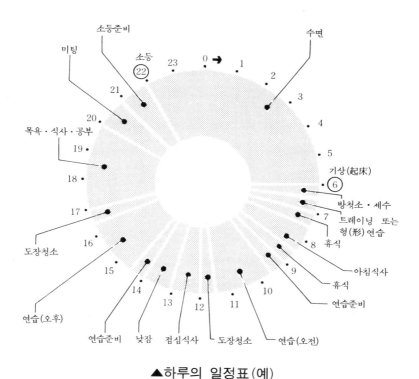

▲하루의 일정표(예)

서는 짧기 때문에 휴식시간을 포함하여 한 시간 실시하면 효과적이다.
　●**낮잠** 합숙은 비교적 피곤을 가져오게 되므로 낮잠을 꼭　실시하는
것이 중요하다.
　●**연습** 오후에 시합 등을 실시하면 시간 연장의 가능성이 있기　때문
에 여유를 가지고 계획을 세운다.
　●**미이팅** 하루의 생활, 연습의 반성 등의 의견을 화목한 가운데 의논
하는 자리로 하는 것이 중요하다. 또 룰, 전술의 연구,　지도자의 경험담
등을 듣는 것도 좋다.
　●연습의 전후에는 보건위생·부상 예방을 생각하여 꼭 연습장을　청
소할 것.

5 —— 기초적인 연습

검도의 기초가 되는 중단 자세·발처리·시각·치기·공간동작에서의 정면(面)치기·좌우면(面)치기·소수(小手)치기·동(胴)치기·소수(小手)—면(面)치기·소수(小手)—면(面)—동(胴)치기 등, 상대에 대하여 공격하기 전의 단계를 충분히 연습하는 것이 중요하다. 발처리에 있어서는 몸을 상하로 동요시키지 않고 스쳐가는 보행으로 하고 앞을 보고 눈을 움직이지 않도록 해야한다.

상대없이 그대로 치기는 발처리를 이용하여 죽도를 상하, 비스듬히 치는 동작으로 죽도가 움직이는 기본적인 방향을 알고 공격에 필요한 손과 발 그리고 몸 전체의 움직임의 조화를 도모하여 공격의 기초를 체득할 수 있도록 한다. 양 주먹은 항상 정중선상을 벗어나지 않도록 해야 한다. 숙달함에 따라 올리기와 내려치기의 속도를 빨리한다. 사람이 많을 경우에는 함성과 함께 일제히 실시하는 것도 좋다.

기초적인 연습은 연습장의 넓이에 따라서, 상대와 마주보고 하는 방법과 앞에 상대가 없는 경우에 대한 방법이 있다. 전자에서는 상대의 눈을 보고 시선을 다른 곳에 주지 않도록 하는 것이 중요하며 후자에서는 상대가 앞에 있다고 가정하여 실시해야 한다.

■ 전진 후퇴 상하치기 ①

중단 자세에서 검선과 왼쪽 주먹이 정중선상(正中線上)을 통과하도록 죽도가 엉덩이의 중앙에 닿을 때까지 치켜올리고 무릎 높이 정도에까지 내려친다.

○전진 후퇴의 발처리는 송족(送足)으로 한다.

○손·팔·어깨에 힘을 넣지 않고 한다.

○내려쳤을 때양 손목을 안으로 조른다. (물수건을 두 손으로 짜는 듯이)

○상체가 앞으로 기울지 않도록 허리를 편다.

○어깨의 관절을 충분히 움직이고 한다.

■ 전진 후퇴 좌우 치기 ②

중단 자세에서 정중선 상으로 올리고 머리 위에서 손목을 좌·우로 틀고 내려친다.

○전진 후퇴의 발처리는 송족(送足)으로 한다.

○칼날쪽을 바르게 하여 친다. 특히 왼쪽에서 내려칠 때 주의할 것.

○후퇴했을 때 왼발의 발꿈치가 바닥에 닿지 않도록 할 것.

○정면을 보고 한다.

■ 전진 후퇴 정면치기 ③

중단 자세에서 검선과 주먹이 정중선상을 통과하도록 올리고 정면의 위치에까지 내려친다.

○발처리는 송족(送足)

○상대가 있는 것으로 가정하고 눈은 정면을 본다.

○올리고 내려치기는 재빨리 한다.

○죽도는 보드랍게 잡고 정면의 위치에서 그치는 순간만이 양 손목을 안으로 꽉 조른다. 그 후는 힘을 뺀다.

■ 전후 도약 정면치기 ④

중단 자세에서 뒤로 뛰면서 죽도를 올리고 앞으로 뛰어들어 정면의 위치에까지 내려친다.

○앞으로 뛰어들었을 때는 왼발을 끌어붙이고, 뒤로 뛰었을 때는 오른발을 끌어붙인다.

○앞으로 뛰었을 때 끌어붙인 왼발이 오른발 앞으로 나오지 않도록 할 것.

○앞·뒤로 크게 도약하여 손과 발이 일치되도록 한다.

○초보자는 손과 발이 일치되도록 천천히 하고 숙달에 따라서 서서히 속도를 가해서 한다.

■ 준거 (蹲踞) 치기 5

준거의 자세로 죽도를 중란으로 잡고 가볍게 뛰면서 내려치는 동작이다. 올렸을 때 뛰고 내려쳤을 때 뛴다. 숙달함에 따라서 1회 뛰기에 재빨리 올리고 내려친다.

○바른 준거 자세를 유지하고 상체를 앞으로 굽히지 않는다.

○내려쳤을 때의 양팔의 높이는 전진 후퇴 정면치기와 같다.

6 ─── 약속연습

■ 기본연습

기본연습에는 봉(棒)과 대(台)을 사용하고 실시하는 방법과 방구를 착장한 상대에 대해서 공격하는 방법이 있다.

봉·대 등을 사용하는 방법은 고정되어 있어 죽도로 공격하는 힘에 견딜 수 있는 견고한 것이므로 죽도가 상하지 않도록 치는 부위를 타이어나 질긴 천으로 보호하는 것이 좋다. 이것은 주로 기본적인 공격 동작을 익히고,자세,죽도의 조작, 간격,발처리 등의 감각을 몸에 익히고 눈과 손, 눈과 발과 눈에 관련된 반응을 기르는 연습이다. 공격 봉(棒)에 의한 연습은 지도자가 그것을 들고 면·소수·동의 위치에 이동시켜 그에 맞추어서 치는 방법이다. 이것은 봉을 가진 사람의 인도에 따라 한 번 치기뿐 아니라,연속하여 칠 수가 있다. 치는 자세, 죽도의 조작,간격,발처리,손의 감각, 내딛기 등의 감각을 공격대보다 훨씬 몸에 잘 익힐 수가 있다. 봉(棒)은 죽도로 대용해도 된다. 죽도를 사용할 경우에는 중간 조르기와 선피(先皮)의 사이에서 줄의 반대쪽을 목표로 하고 치게 하여야 한다. 봉을 가진 사람은 상대가 강한 힘으로 치고 났을 때 그 충격으로 손목을 다치게 되는 일이 있으므로 주의할 것. 숙달하면 두 개를 사용하여 할 수도 있다. 여기서는 주로 연속기를 하고 손과 발처리,내딛기를 몸에 익힌다.

방구를 착장한 상대에 대해서 공격하는 방법은 상대와 대했을 때 대비자세, 발의 위치, 잡은 손, 검선의 높이, 간격,시선 등을 확인한다. 주로 기본기를 반복하여 연습하며 손, 내딛기 등 기본을 몸에 익힌다. 단계로서 정면치기·소수치기·우동치기·소수—면치기·소수—동치기·소수—면—동치기 등 전진하는 기를 연마한다. 하나 하나 착실히 칠 것. 치는 부위를 보지 않도록 주의해야 한다.

〔주의점〕

　○초보자는 정면치기의 타이밍을 완전히 몸에 익힌다.

　○공격부위를 보지 않는다.

　○왼손 주먹과 검선이 정중선을 지나 머리 위에까지 올리고, 내려치기는 빨리 한다.

　○큰 기합소리를 내면서 한다.

　○기(気)·검(劒)·체(体)가 일치되어야 한다.

　○공격 후의 발처리는 송족(送足)으로 왼발이 오른발 앞에 나가지 않는다.

■ 응용기의 연습

　이것은 상대와 자신의 간격을 생각하여 상대의 변화에 재빨리 대응하여 정확한 공격을 할 수 있도록 연습하고, 상대에게 틈이 생기면 언제라도 공격할 수 있는 체세를 유지하는 것이 중요하다. 공격기에서도 대응기에서도 상대를 제압하고 있는 것이 유효 공격을 낳게 하는 제1조건이다.

　상대의 움직임에 응하여 하는 대응기와 그 제1에 상대와의 간격. 제2에는 상대의 움직임에서 유효한 대응법과 그 파란을 반사적으로 체득할 때까지 반복 연습하는 일이다. 처음에는 상대와 약속하여 천천히 크게 하는 타이밍을 체득하고, 정확하게 할 수 있게 되면 서서히 속도를 가하고 간다. 상대의 동작의 변화나 속도에 대응할 수 있도록 한다.

〔주의점〕

　○방구를 착장하여 얼마 되지 않는 사람은 공격기를 중심으로 할 것.

　○대응, 빼기, 스쳐올리기, 치기 등의 경우 타이밍과 발처리를 완전히 몸에 익힌다.

　○응하여 치는 사람도 항상 제압하고 있는 상태로 있을 것.

　○시합으로 생각하여 하고 서로가 긴장을 풀지 말 것.

　○응하는 동작은 항상 치는 동작의 도중에 한다.

　○발처리를 충분히 활용할 것.

　○눈으로 상대의 동작을 재빨리 읽어낸다.

■ 공격연습

이것은 초보자에게는 빼낼 수 없는 연습법이다. 지도자가 틈을 주는데에 대하여 크게 올리고, 바른자세, 기합, 또 충실한 기세로써 체력이 계속되는 한 실시하고 정신력도 키워나간다. 처음에는 몸이나 죽도의 사용에 주의하고 크게 천천히 정확하게 하면서 서서히 속도를 가하여 순간적인 틈에 재빨리 대응할 수 있는 연습을 쌓아나간다. 초보자는 이것으로 의해 공격봉이나 공격대에서 체득할 수 없었던 감각을 몸에 익힐수 있게 된다.

〔주의점〕

○바른 눈으로 지도자가 보인 순간적인 틈에 대해서 공격 부위를 보지 않고 한다.

○틈을 보인 부위를, 확고하게 손을 안으로 조르면서 공격한다.

○크게 올리고 내려친다.

○어깨의 힘을 빼고 친다.

○왼손 주먹이 정중선상을 벗어나지 않도록 친다.

7 ── 종합연습

이것은 기초연습·약속연습 등을 반복 연습해온 것을 자유자재로 사용하여 하는 연습이다. 여기에는 공격연습, 개인을 내세워서 하는 연습, 각자연습 등이 있다. 약속연습까지의 단계에서는 간격, 공격의 기회 등은 약속에 의해서 지도자 및 지휘자가 공격하기 쉽도록 틈을 주고 해왔다. 그러나 종합연습에서는 자신이 스스로 공격의 기회를 만들고, 간격을 보고, 바른 자세와 충실한 기세로 공격하지 않으면 안된다.

■ 공격연습

공격연습에는 지도자 및 지휘자가 틈을 주어 공격의 요령을 체험시키는 방법이 있고 또 여기서 말하는 공격연습이 있다. 여기서 말하는 공격연습은 스스로 상대의 틈을 찾아내어 먼데서 크게 죽도를 올리고 바른 자세로 공격하는 것이다. 상대가 틈을 보고 친다던가, 피한다던가 그런 것은 생각하지 않고, 체력·기력이 계속되는 한 계속해 공격하는 것이다. 기술뿐만 아니라 체력·기력을 기르는데 효력이 있다. 받는 사람은 상대가 하기 쉽도록 하는 것이 중요하며 상대가 바른 간격을 잡을 수 있도록 또 바르게 공격할 수 있도록 자세를 취한다. 틈을 주는 방법은 크게 여는 것이 아니며, 검선이 상대의 몸에서 벗어날 정도로 자연스럽게 열고 틈을 치는 실감을 배우게 하는 것이 중요하다. 공격자가 바르지 못한 무리한 기술을 나타내었을 경우, 지도자는 기(技)의 정·부정을 구별하여 가르쳐 주는 것이 중요하다. 공격연습은 왕성한 기력과 체력으로 단시간에 집중적으로 전신을 사용하여 먼 데서 크게 죽도를 올리고 공격하는 연습이다.

〔주의점〕

○자신보다 기량이 우수한 사람을 상대로하여 하나 하나 착실하게 공격한다.

○시간은 20초―30초동안 하고 숨을 쉬는 회수를 적게한다.
○바른 자세를 유지하도록 유의한다.
○초보자는 물론 숙달된 사람에게도 필요한 연습법이다.

■ 호명연습

이것도 공격연습이다. 호명(呼名)된 사람은 지도자가 치던, 몸을 피하
던 공격만하는 연습이다. 지도자가 틈을 주는 방법도 같다. 그러나 공격
자의 틈을 보아 때때로 공격하여 상호 공격한다. 그러나 함부로 상대의
동작을 제압하지 않고 좋은 공격은 뻗어나갈 수 있도록 해주는 것이 중
요하다. 또 초보자는 체력과 기력이 약한 면이 있어서 지도자는 항상 공
격적인 기분이 나도록 해주어야 하며, 자신도 기력을 충실히 하고 몸을
부지런히 움직여야 한다.

〔주의점〕

○초보자의 역량에 응하여 지도한다.
○바른 기(技)는 끌어내고 바르지 못한 기는 맞지 않는다.
○시간은 20초—30초

■ 호격연습

호격(互格)연습은 기술이나 기력이 동등한 자가 전력을 다하여 승부를 걸고 자기 심판에 의해서 하는 연습이다. 목적은 기(技)의 습득 간격과 기(技)의 진퇴등을 습득하는데 있다. 시합의 요령을 체험하는 것도 중요하다. 너무 승패를 의식하지 않고 약속연습에서 했던 기본기·응용기를 실전에서 어떻게 사용하면 좋은가를 체득하는 것이 중요하다. 하나 하나 소중히 하고 간격, 공격기회, 몸충돌, 틈보기, 잘되는 기(技)등을 연구하면서 시합과 같이 서로가 자신이 지니고 있는 힘을 모두 쏟아내고 하지 않으면 안된다. 또 해이된 마음으로 해서는 안된다.

강한 자가 되려면 강한 상대와 연습해야 한다. 강한 자가 그만큼 경험을 쌓고 있기 때문에, 거기에 이길 수 있는 신체적·정신적 요소가 요구되어 노력함으로써 자연히 기력과 체력이 자라게 된다. 또 자신보다 낮다고 생각되는 상대와 연습할 때도 진정한 태도로 대하는 것이 향상되는 요령이 된다. 중요한 것은 어려운 상대라하여 피하기만 하면 언제까지나 어려운 상대가 되어 향상되지 않는다. 오히려 어려운 상대를 골라 연습해야 한다. 한 사람의 어려운 상대를 이기기에는 상대의 기를 연구 분석하고 이기게 될 때까지 연습해야 한다.

호격연습은 상대의 기능, 기술이 향상되는 것을 염두에 두고 자신에게도 도움이 되도록 연습하지 않으면 안된다.

[주의점]
○오랫동안 하지 않고 5분—7분에서 그친다.
○많은 사람과 하여 기술의 장단점을 없앤다.
○세 판 승부의 마음가짐으로 한다.
○처음 한 판은 꼭 이겨야 한다.
○대적(大敵)이라 해도 두려워하지 않고 소적이라 해서 얕보지 않는 정신으로 대한다.
○마음이 해이되어서는 안된다.

8 ── 특별연습

검도는 보통 연중을 통해서 실시되지만 그 외에도 한중(寒中)연습, 서중(署中)연습, 원정, 합숙(합숙의 계획적인 연습법을 참조)등이 있다. 이러한 연습의 성과는 곧 나타나는 것은 아니다. 특별연습 종료후 날마다 연습을 쌓아올림으로써 반 년후, 1년 후 혹은 더후에 꼭 열매를 맺게 되는 것이므로 이것을 염두에 두고 실시해야 한다.

■ 추위 속에서의 연습

이것은 추위나 수면부족 등의 악조건을 극복하는 정신훈련을 목적으로 하고 실시하는 것이다. 추위가 들어설 때부터 추위가 가는 1개월간 아침 일찌기 실시해 왔으나 현재로서는 1주일에서 10일간으로 아침 여섯 시 또는 일곱 시부터 약 한 시간 반동안 심한 연습을 한다. 특히 혹한 속에서 하기 때문에 준비운동에 유의하고, 시작하면 쉬지 않고 자주 상대를 바꾸어 단시간에 전력을 다하여 공격하는 것이 중요하다.

■ 더위 속에서의 연습

이것은 1년중 가장 더울 때인 중복에서 말복 사이의 1주일 내지 10일동안 실시한다. 맹서 속에서 맹연습을 하면 땀이 흘러내리고 숨이 막히게 되지만 이것을 극복함으로써 체력, 정신력에 자신을 가지게 되고 그 결과가 일상생활에 이어지는 것이다.

■ 원 정

이것은 옛날에는 무사수행(武士修行)이라고도 했다. 목표를 가지고 기간을 정하여 지금까지의 연습환경을 떠나 상대를 찾아 시합이나 연습을 하는 것을 말한다. 환경이 다른 곳에서 처음 만나는 상대와 시합을 하게 되면 자신의 장단점을 발견하는데 좋은 기회가 되고 기술적·정신적으로 훈련된다.

9 —— 시합의 마음가짐

시합은 「이겨서 자랑말고, 져서 후회말라」는 마음가짐으로 상대를 존중히 맞아 전력을 다해 승패를 다투어 기력·체력·기를 연마하는 것을 목적으로 하고 있다.

시합전=계획적인 연습과 규칙적 생활을 지키고 최고의 컨디션으로 시합에 임한다. 또 당일의 연습복은 깨끗한 것을 사용하고 방구 등을 미리 점검하고 나아가서는 상대에 대한 연구도 한다.

시합중=필승의 결의로 싸우게 되지만 그 속에서도 예의를 준수하는 태도가 필요하다. 또 냉정을 유지하여 승패가 결정될 때까지 상대로부터 시선을 떼지 않고 언제나 「선(先)」이란 마음으로 시작한다. 공격은 상(上)을 공격하고 하(下), 하를 공격하고 상. 우(右)를 공격하고 좌(左), 좌를 공격하고 우라고 하는 듯이 허실을 고려하고 공격한다.

시합후=승자는 겸허하고 반성하고, 패자는 부끄러워하지 않고 패인을 분석하고 양자 모두 다시 연구하고 연습을 쌓아간다.

시합 관람태도=응원은 박수로 하고 견학연습을 한다. 타인의 시합을 무심히 관람하지 말고 공격기회·방어·간격의 유지등 상세히 관찰하고 장·단점을 견습, 연구하여 자기의 것으로 한다. 이러한 적극적인 태도가 향상과 연결되는 것이다.

■ 특수한 시합방법

원진(円陣)시합=보통 적·백의 두 반으로 갈라지고 시합을 하게 되는데, 원진시합이라고 하는 다음과 같은 특수한 방법이 있어 예로서 기록해 놓는다. 원진시합이란 시합자 전원이 원진을 만들고 그 원진 속에서 두 사람의 시합자가 승패를 다투어 패자는 물러가고 승자만 남게 되는데, 그 승자에게 원진에 있는 사람이 곧 공격하여 시합을 계속한다. 이것을 되풀이 하는 시합을 원진시합이라고 한다.

〔주의점〕

○원진의 크기는 시합자가 충분히 활약할 수 있는 넓이로 한다. 사전에 바닥에 원을 그리고 원외에 시합자를 대기하도록 하면 시합 진행이 원활하다.

○시합자의 인원수는 유소년자의 경우에는 10명 —— 15명 단위의 편성이 능률적이다.

○이 시합은 단판 승부. 승자도 대전자도 끊임없이 공격을 되풀이 하므로, 기합이 고조하여 승자의 뒤에서 공격하는 경우도 나오게 된다. 사전에 룰을 철저히 지키고 위험예방에 조심해야 한다.

제 5 장
검도(劍道)의 형(形)

　　'형(形)'은 검도를 수행하는 사람에
게는 중요한 것이며 자세, 기합, 발
처리, 간격, 이합(理合) 등을 배워
익힐 수가 있다. 여기서는 일곱번
째까지 수록했다.

●

검도의 형(形)은 특히 일본에서 명치 44년 기시·신고로오 등 다섯 사람이 현조사위원회의 주심이 되어 많은 유파 속에서 가장 뛰어난 기를 선택하여 대정 원년 검도의 형(形)을 제정했다. 이것이 전후(戰後) 우리나라에도 도입되어 오늘에 이르고 있다.

시작의 예=공격자, 대응자 모두 오른손에 칼을 가지고 9보(步)의 간격을 잡고 상좌를 향하여 예를 한다. 서로가 절을 하고 칼을 왼손으로 바꿔잡는다. 3보 전진하여 준거(蹲踞)하여 칼을 빼내고 맞는다. 다음에는 서서 중단 자세가 되어 칼을 풀고(내린다) 작게 5보 후퇴하여 중단 자세를 취하여 첫 번째 형으로 들어간다.

마치는 예=준거하여 칼을 넣고 일어서서 5보 후퇴하고 칼을 오른손으로 바꿔 잡고 서로가 절을 하고, 그 다음에 상좌를 향하여 절을 하고 마친다.

대비자세＝공격자×대응자
　첫　번째＝상단×상단
　두　번째＝상(相)중단
　세　번째＝상(相)중단
　네　번째＝팔상(八相)×옆자세
　다섯 번째＝상단×평청안(平靑眠)
　여섯 번째＝중단×하단
　일곱 번째＝상중단

■ 검도의 형(形)

1 ──
첫 번째

① 공격자는 좌형 상단 자세로 왼발부터,대응자는 우형 상단 자세에서 오른발부터 크게 3 보 나와 1 족 1 도의 간격에 들어간다.

②공격자는 기회를 보고 오른발을 내고 정면을 친다. 대응자는 왼발을 한발 빼고 손목을 뒤로 뺀다.

③대응자는 오른발을 내고 정면을 친다.

④대응자는 곧 검선을 얼굴 중심에 붙인다.

⑤⑥ 왼발을 내고 좌형 상단 자세를 취하고 잔심(殘心)을 나타낸다. 공격자는 칼을 내리친 그대로, 칼이 얼굴 중심에 왔을 때, 잔심을 나타내었을 때 왼발부터 한 발 씩 후퇴한다.

⑦⑧ 대응자는 왼발을 빼면서 공격자는 그대로 칼을 올리고, 칼을 맞추어 중단 자세를 취한다.

◇대비자세를 풀고 왼발부터 작게 다섯 발 후퇴 중단자세로 되돌아 간다. 이것은 일곱 번째까지 같다.

■ 검도의 형 (形)

2——
두 번째

① 공격자, 대응자 모두
중단자세를 오른발부터 크
게 세 발 나가 1족 1도
의 간격에 들어간다.

② ③ 공격자는 기회를
보고 재빨리 올린다.

④ 공격자는 오른발을
한 발 내디뎌 우소수를 친
다. 대응자는 왼발부터 왼
쪽으로 비스듬히 뒤로 빠
지고 손목을 내리고 공격
자의 칼 밑에서 반원을 그
리면서 뺀다.

⑤ 대응자는 정중선상
으로 올린다. 이 때 검선
이 내려가지 않도록 할것.
⑥ 대응자는 오른 발을
한발 내딛이며 공격자의
우소수를 친다.
⑦ ⑧ 공격자는 왼발부
터, 대응자는 검선을 공격
자의 얼굴의 중심에 붙이
면서(잔심을 나타내면서)
오른발로부터 중앙에 되돌
아가서 중단자세를 취한다.

■검도의 형(形)

3 ——
세 번째

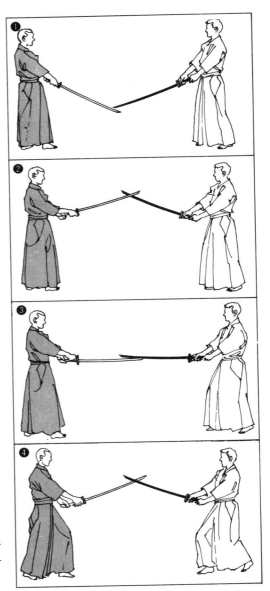

① 공격자 대응자 모두 하단 자세로 크게 세 발 나가 1족 1도의 간격에 들어간다.

② 서로 마음 싸움으로 자연히 서로 중단 자세가 된다.

③ ④ 공격자는 기회를 보아 칼날을 오른쪽으로 향하게 하고, 오른발을 한 발 내딛이면서 스치고 들어간다. 그리고 대응자의 가슴을 찌른다. 대응자는 왼발을 한발 빼고 칼날의 왼쪽에서 받아 곧 오른발을 한 발 내딛고 공격자의 가슴을 찌른다. 이 때 공격자는 오른발을 뒤로 빼면서 칼을 공격자의 칼 밑에 돌리고 받는다. 검선은 대응자의 목에 붙이고 칼 오른쪽으로 누른다.

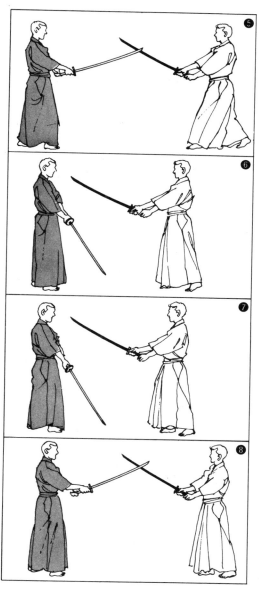

⑤ 다시 대응자는 왼발을 내딛여 찌르는 기세로 나간다. (잔걸음으로) 공격자는 왼발을 빼면서 칼 왼쪽으로 누르고 검선은 대응자의 목에 붙인다.

⑥ ⑦ ⑧ 공격자는 대응자의 충분한 찌르기 기세에 압도 당하여 자세를 오른쪽으로 풀면서 보행걸음으로 작게 빨리 후퇴한다. 대응자는 같은 걸음으로 몇 걸음 공격해 나가 오른발 앞에서 그친다. 대응자는 공격자의 얼굴 중심에 검선을 붙이고 잔심을 나타낸다. 대응자는 왼발부터 후퇴하고 공격자는 오른발로부터 나가 중앙에 되돌아 간다.

■ 검도의 형(形)

4 ―
네 번째

① 공격자는 왼발을 내고 팔상(八相) 자세를 취한다. 대응자는 오른발을 빼고 옆 자세를 취한다. 서로 왼발로부터 작게 세 발 나간다.

②③ 공격자는 기회를 보고 오른발로부터 한 발 내딛이면서 크게 올리고 대응자의 정면을 친다. 동시에 대응자도 공격자에 응하여 오른발을 한 발 내딛이면서 크게 올리고 공격자의 정면을 친다. 공격자 대응자 모두 손을 펴고 서로치기가 된다.

④ 서로 같은 기위(気位)가 되어 자연히 중단 자세를 취한다.

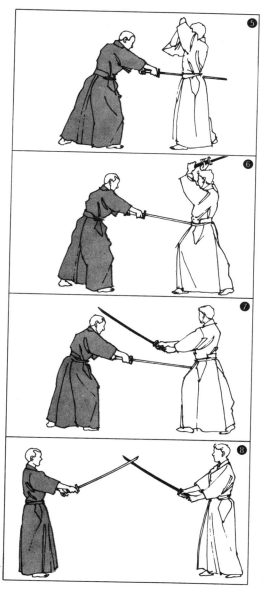

⑤ 공격자는 기회를 보고 칼날을 오른쪽으로 향하게 하고 오른발을 한 발 내딛이면서 대응자의 가슴을 찌른다.

⑥ ⑦ 대응자는 공격해 오는 힘을 이용하여 발을 열어 왼쪽으로 비스듬히 앞으로 나가 오른발을 왼발에 끌어붙이고 공격자의 정면을 친다.

⑧ 대응자는 잔심의 기위(気位)를 나타낸다. 공격자는 상체를 일으키고 대응자는 오른발로부터 원자세로 돌아가고 검선을 맞대어 중단이 된다.

■ 검도의 형(形)

5 —
다섯 번째

① 공격자는 왼발을 내고 좌형 상단, 대응자는 검선을 공격자의 왼쪽 주먹에 향하게 하여 중단(平正眼)이 되어 공격자는 왼발, 대응자는 오른발로부터 크게 세 발 나가 1족 1도의 간격으로 들어간다.

② 공격자는 기회를 보고 오른발로부터 한 발 내딛여 대응자의 정면을 친다. 대응자는 왼발로부터 한 발 후퇴하면서 칼날의 왼쪽으로 스쳐올린다.

③④ 대응자는 스쳐올리면서 칼을 치켜올려 오른발로부터 한 발 내딛이면서 공격자의 정면을 친다.

⑤ ⑥ 대응자는 공격자
의 얼굴 중심에 검선을 붙
이고 오른발을 빼고 좌형
상단 자세를 취하고 잔심
(殘心)을 표시한다.

⑦ ⑧ 대응자가 발을
빼고 검선을 내리고 중단
자세로 들어가는 동시에,
공격자는 검선을 올리고
중단자세를 취한다. 공격자
는 왼발부터 작게 세 발 후
퇴하고, 대응자는 오른발
로부터 작게 세 발 나가
중앙에 되돌아간다.

■ 검도의 형(形)

6 —
여섯 번째

① 공격자는 중단, 대응
자는 하단으로 오른발로
부터 크게 세 발 나가 1
족 1도의 간격에 들어간
다.

② 대응자는 기회를 보
고 하단에서 공격자의 양
주먹의 중심을 압박하는
기세로 중단 자세를 취한
다. 공격자는 위에서 그것
을 누르듯이 한다.

③ 칼과 칼이 닿는순간
공격자는 오른발을 뒤로
빼고 좌형 상단이 된다. 대
응자는 틈을 주지 않고 중
단 자세로 오른발로부터
일 보 전진하여 압박한다.
(검선은 공격자의 왼쪽 주
먹을 향한다.)

④ 공격자는 곧 왼발을
뒤로 빼고 중단 자세를 취
한다.

⑤ ⑥ 공격자는 기회를 보고 대응자의 우소수를 친다. 대응자는 왼발로부 터 왼쪽으로 열면서 작게 반원을 그리는 듯이 하고, 칼의 오른쪽으로 스쳐올려 오른발을 내딛이면서 우소 수를 친다.

⑦ 대응자는 왼발을 한 발 내딛고 좌형 상단자세 를 취하여 잔심을 표시한 다. 공격자는 왼발로부터 왼쪽으로 비스듬히 후퇴 한다.

⑧ 공격자, 대응자 모두 오른발로부터 중단 자세를 취하고 중앙에 되돌아 간 다.

■ 검도의 형(形)

7 —
일곱 번째

① 공격자, 대응자 모두 중단 자세로 오른발로부터 크게 세 발 나가 1족 1도의 간격으로 들어 간다.

② 공격자는 기회를 보고 오른발로부터 작게 내딛여 칼날을 오른쪽으로 향하게 하고 대응자의 가슴을 찌른다. 대응자는 왼발로부터 작게 빼면서 칼날을 왼쪽으로 받친다. 그 다음 서로 중단 자세를 취한다.

③ 공격자는 기회를 보고 발을 좌·우로 내딛이면서 대응자의 정면을 친다. 대응자는 공격자가 칼을 올리는 것과 동시에 발을 우·좌·우로, 오른쪽으로 비스듬히 앞으로 내딛이면서 우동(右胴)을 친다.

④ 대응자는 상대로부
터 시선을 떼지 않고 약간
먼 데서 오른쪽 무릎을 짚
고 왼무릎을 세운 자세를
취한다.

⑤ 대응자는 옆 자세를
취하여 잔심을 표시한다.

⑥ 공격자는 왼발을 빼
고 대응자는 무릎을 세운
상태에서 칼을 머리 위에
까지 올리고 정대(正対)
한다.

⑦ 서로 칼을 맞댄다.

⑧ 공격자는 왼발로부터
한 발 후퇴하고, 대응자는
오른발을 한 발 내딛고 일
어난다. 서로 중단 자세가
되고 왼발로부터 중앙에
되돌아 간다.

승단시험문제와 모범해답(예)

문제 검도의 목적에 대해서 말하시오.

답 1. 좋은 자세를 육성하는 태도·습관을 기른다.

2. 검도의 기초적인 운동능력을 기른다.

3. 적극성,용기,침착,자제,관용,인내 등 사회생활에 필요한 발달을 시킨다.

4. 상대의 움직임을 냉정히 정확하게 판단하여 민속(敏速)히 행동하는 능력을 발달시킨다.

5. 항상 기선(機先)을 제압하여 주동적인 입장에 서서 행동할 수 있는 태도·능력을 높인다.

6. 상대의 입장을 존중하고,예의를 지키고,공정하게 열심히 경기하는 태도를 기른다.

7. 자타의 안전에 대하여 이해하고 이것을 적극적으로 지키는 태도·기능을 높인다.

8. 검도에 대해 지식이나 기능을 체득하여 흥미를 가지고 여가를 건전하게 이용하고 나아가서 검도를 즐기는 태도· 습관을 기른다.

문제 검도의 향상에 관한 요점에 대해서 말하시오.

답 1. 많은 연습을 한다.

2. 맞아서 강해진다.

3. 항상 공격적일 것.

4. 기본을 중요시하고 순리(順理)에 맞는 연습을 연구하여 실제로 실험해 본다.

5. 건강관리에 유의할 것.

문제 공격의 좋은 기회에 대해서 말하시오.

답 1. 상대의 실(実)을 피하여 허(虚)를 공격할 것.
   2. 동작이 일어나려고 할 때와 기(技)를 걸려고 할 때 공격한다.
   3. 시의심(猜疑心)의 움직임을 보게 되면 공격한다.
   4. 당황하게 하여 공격한다.
   5. 물러설 때 공격한다.
   6. 힘을 잃었을 때 공격한다.

문제 검도의 특징에 대해서 말하시오.

답 1. 긴 역사와 전통을 지니고 있다.
   2. 좋은 자세를 육성한다.
   3. 검도는 기본적인 운동능력을 주로 한 운동이다.
   4. 정서의 안정을 요구한다.
   5. 항상 주동적인 입장에 서서 행동할 수 있는 태도와 자주 독립의 정신을 요구한다.
   6. 예의를 존중할 것을 요구한다.
   7. 몸의 협조(協調)적인 발달과 건강 유지에 적절하다.
   8. 다른 스포츠에 비하여 경기 연령이 길다.
   9. 남녀·노소를 불문하고 할 수 있다.
   10. 자신의 몸의 형편에 따라 운동량을 조절할 수 있다.

문제 검도 연습상의 주의점을 말하시오.

답 1. 계획을 세워 그 계획에 따른다.
   2. 크게 소리를 낸다.
   3. 원거리에서 대기(大技)로 한다.
   4. 많은 연습을 한다.
   5. 항상 기(技)를 연구한다.
   6. 바른 자세로 공격할 수 있도록 유념한다.

7. 항상 기본동작이 무너지지 않도록 조심한다.
8. 소기(小技) 만의 승부에 구애되지 않는다.
9. 예의를 바르게 한다.
10. 복장, 방구, 죽도는 언제나 완비해 놓는다.

문제 반격의 효과와 실시상의 주의점을 말하시오.
답 1. 동작을 크게 바르게 할 것.
2. 동작은 항상 몸을 수반시키고 한다.
3. 左右面은 한 숨으로 한다.
4. 올렸을 때는 꼭 머리 위까지 올린다.
5. 내려쳤을 때 왼쪽 주먹이 밑으로 내려가지 않도록 한다.

문제 검도형의 효과에 대해서 말하시오.
답 1. 자세가 바르게 된다.
2. 기(技)의 나쁜 버릇을 고칠 수가 있다.
3. 칼질을 바르게 할 수 있다.
4. 간격을 이해할 수 있다.
5. 기위(気位)를 고조시킬 수 있다.
6. 공격이 확실해진다.
7. 기(技)의 이합(理合)을 체득할 수 있다.
8. 동작이 민첩해진다.
9. 눈이 밝아진다.
10. 기합을 연마할 수 있다.

※ 다음의 검도에 관한 용어가 출제된 일이 많으므로 평시부터 연구해 놓는 것이 바람직하다.
〈삼살법(三殺法)〉〈선(先)〉〈4계(四戒)〉〈심기력(心気力)·기검체(気劔体)의 일치(一致)〉〈수파리(守破離)〉〈잔심(残心)〉〈허실(虚実)〉〈지심(止心)〉〈자연체(自然体)〉〈간합(間合)〉등

단위 (段位) 심사규정 (발췌)

　제 2 조 단위는 초단에서 10단까지의 10계제로 하고 검도에 관한 총합적 실력에 응해서 수여한다.

　제 3 조 단위를 수심 (受審) 하는 자는 다음의 자격을 소지하지 않으면 안된다.

　(1) 전검련가맹단체 (이하 가맹 단체라고 한다)의 소속 회원이어야 한다.

　(2) 다음 연한을 경과하고 또 연령, 학년의 조건에 적합해야 한다.

수심단위	수업연한	연령 또는 학년
초단		국민학교 졸업후
2 단	초단 수유후　1 년이상	중학교를 졸업후
3 단	2 단 수유후　1 년이상	고교 3년이상 (상단 연령자 포함)
4 단	3 단 수유후　2 년이상	
5 단	4 년 수유후　3 년이상	
6 단	5 단 수유후　4 년이상	
7 단	6 단 수유후　5 년이상	
8 단	7 단 수유후　8 년이상	만 48세 이상
9 단	8 단 수유후	
10단	9 단 수유후	

　(3) 8 · 9 · 10단 수심에 대해서는 가맹단체의 심의기관의 의결을 경위하여 가맹단체 회장의 추천을 받은 자.

　제 4 조 초단에서 5 단까지의 심사는 실기 · 형 (形) 및 학과에 의해 가맹단체의 심사회에 위탁하고 이것을 실행한다.

　초단에서 3 단까지의 심사회는 가맹단체 회장이 임명한 6 단 이상의 자격을 소유한 심사원 5 명으로 구성하고 3 명 이상의 동의에 의해 합격을 인정한다.

　4 · 5 단 심사회는 역시 7 단 이상의 자격을 소유한 심사원 7 명으로 구성하여 5 명이상의 동의에 의해 합격을 인정한다.

검도 용어의 해설

● 合気 (합기)

자신이 공격하면 상대도 공격하고, 자신이 후퇴하면 상대도 후퇴한다. 공방 공히 동기(同気)가 되어 서로가 마치는 것을 말한다. 공격할 때는 이 합기(合気)를 피하고 공격해야 한다.

● 거 (居)

순간적으로 심신이 모두 정체(停滯)하여 마음대로 활동할 수 없게 되고 상대의 공격에 응할 수 없는 상태를 말한다.

상대가 거(居)의 상태에 있을 때를 말한다. 상대가 이러한 상태에 있을 때를 포착하는 것이 공격 기회의 하나로서 중요하다.

● 虛実 (허실)

실(実)은 정신이 충실(充実)하여 방심없는 상태를 말한다. 허(虛)는 실의 반대이며 심신에 대비가 없을 때를 말한다. 실이 있으면 꼭 허가 있고, 강한 데가 있으면 꼭 약한 데가 있다. 시합에서는 이 허를 겨누워야 하는 것이 중요하다.

● 懸待一致 (현대일치)

공격과 수비가 끊임없이 밀접한 관계를 가지고 진행되는 것을 말한다. 거는(懸) 것 속에 방어기(防禦技)가 포함되고, 기다리는(待) 속에 거는(懸) 기(気)가 포함되어 있다는 것을 말한다.

● 冴 (호)

손과 깊은 관계가 있어 공격할 때 나타난다. 순간적으로 손 안에 충만한 공격이 나타나는 힘을 말한다.

● 三殺法 (삼살법)

「죽도를 죽인다.」＝상대의 죽도를 좌우로 누르기, 감기, 털어 내기 등으로 죽도의 자유동작, 즉 검선을 죽이는 것을 말한다.

「기(技)를 죽인다.」＝선(先)을 잡고 틈없이 공격을 계속하여 상
대가 기를 사용할 수 없도록 하는 것을 말한다.

「기(気)를 죽인다.」＝끊임 없이 기(気)를 전신에 넘치게 하여 선
(先)의 기를 가지고 상대가 나오려고 하는 것을 이쪽에서 먼저 나
가려고 하는 기위(気位)를 나타내어 상대의 해이된 곳을 틈없이 공
격하는 것을 말한다.

● 殘心 (잔심)

치고난 후 마음을 남기는 것으로 치고난 후에도 방심하지 않는 태
도를 유지하는 것을 말한다. 상대를 쳤을 때는 유감없이 치고 공격
이 무효가 되면 연속하여 칠 수 있도록 조금의 방심도 없는 대비를
하여 언제나 상대의 공격에 대응할 수 있도록 준비하고 있는 것을
말한다.

● 四戒 (사계)

경구의혹(警懼疑惑)을 말한다. 그 가운데의 하나라도 마음 속에
있다면 마음은 혼란되어 상대에게 틈이 있어도 발견할 수가 없고 자
신이 위축되어 틈이 생긴다.

경(驚)이란 여간 예기하지 않았던 일이 생겨 마음이 동요되는 것
으로 그로 인해 일시 심신의 활동이 혼란되어 정상적인 판단을 내
릴 수가 없어 적당한 처지를 취할 수가 없다.

구(懼)란 공포이며 그것이 정신활동을 침체시켜 손 발의 활동을
잃게 한다. 상대의 체격이 크다고 해서, 기합소리가 크다고 해서 또
상대의 허세에 공포를 느껴서는 안된다.

의(疑)란 의심을 가지게 되는 것으로서 의심을 가졌을 때는 정
상적인 마음으로 판단할 수가 없어 결단을 내리지 못한다.

혹(惑)이란 마음이 방황하여 정신이 침체되어 신속한 판단, 경쾌
한 행동을 취할 수 없게 된다.

● 止心 (지심)

마음을 하나로 그치는 것으로서 상대의 전체를 보지 않고 일점

(一点)에만 마음을 집중시키고 마는 것을 말한다. 상대가 공격해 오는 죽도를 받는다, 피한다, 그것에 마음을 빼앗겨 자신의 동작이 둔화되는 것을 말한다.

● 守破離(수파리)

수(守)란 검도를 배우는 데 있어서 스승의 가르침을 충실히 지키고 검리(劔理)·기(技)를 수업하는 것을 말한다.

파(破)란 지금까지 배운 유파의 가르침(규칙·법칙)을 충분히 체득하고 다시 다른 유파의 좋은 점을 배움으로써 스승 이상의 힘을 자기의 것으로 할 수 있다. 그러나 스승에의 예의는 잊지 않고 은혜에 보답하지 않으면 안된다.

이(離)란 파(破)의 심경이며 힘의 일단(一段) 진보한 상태를 말한다. 심신이 자유자재이며 검(劔)에 의해 그것을 다한 상태가 된다. 자연과 창의도 생겨 더 나가서는 새로운 유파를 발생시킬 수도 있다.

● 心気力一致(심기력일치)

심(心)이란 지각·판단·사고분별을 하는 것으로서 심(心)의 정적(靜的)인 면이다.

기(気)란 의지이며 마음의 판단에 의해서 활동하는 것으로서 마음의 동적(動的)인 면이다.

역(力)이란 5체의 힘이며 죽도를 가지고 공격하고 내딛는 힘이다.

이 세 가지가 동시에 순간적으로 작용함으로써 유효한 공격을 할 수가 있다.

● 隙(극)

공격할 수 있는 상대의 정신상태. 이것애는 동작이 일어나고 체력·기력이 다했을 때, 기(技)를 실패했을 때에 나타난다. 그밖에 호흡·눈동작 거(居)등이 있어 공격하여 틈(隙)을 만드는 경우 상대 자신이 만드는 경우도 있다.

● 先(선)

「선(先)의 선(先)」이란 죽도를 가지고 상대와 마주봤을 때 서로가 상대를 공격하려는 의지를 가지고 있다. 이 공격하려고 하는 상대의 의지, 즉, 죽도의 움직임을 빨리 기미(機微) 사이에 확인하고 상대보다 먼저 선제하는 것을 말한다.

「선의 선」이란 상대가 틈을 보고 공격해 오는 것을 상대가 실효를 거두기 전에 빨리 선제하여 이기는 것이며, 스쳐올리기를 하고 치거나 몸을 피하여 치는 것이다.

「후(後)의 선」이란 상대가 틈을 보고 공격해 왔을 때 간격을 이용하여 상대에게 허공을 치게하거나 또는 몸을 피하여 그 후에 공격하는 것으로서 상대의 동작이 형태로 나타나서 공격하는 기를 말한다.

● 手內(수내)

① 자루를 잡은 양손의 잡는 방법(중단 자세 참조) ② 힘을 넣는 방법(중단 자세 참조) ③ 공격할 때의 양손의 긴장상태와 균형 ④ 공격 후 양손의 긴장이 풀린 상태.

이 네 가지를 총합적으로 말하여 「수내(手內) 라고 한다.

● 品格(품격)

마음과 기가 숙달되면 자연히 갖추어지는 것으로서 무리하게 갖추려고 해도 갖추어지지 않는다. 훌륭한 자세를 모방해도 혼이 들어 있지 않으면 아무것도 되지 않는다. 검도를 꽃으로 비유 한다면 향기와 같은 것이다.

● 平常心(평상심)

평시의 마음, 즉 인간 본래의 마음 상태를 말한다. 검도 일정한 간격을 두고 싸우는 것이 중요하지만 서로가 공격할 때는 마음이 동요한다. 그 순간에 틈이 생겨 공격을 당하게 된다. 평상심을 상하게 하는 것은 경(驚), 구(懼), 의(疑), 혹(惑)이며 이것을 사계(四戒)라고 한다. 마음이 동요하면 적절한 공방이 불가능해진다. 이것을 배척하여 평상심을 수양하여 사회활동에 적응시키는 것이 검도의 하나의 목적이다.

● 放心 (방심)

마음을 물질에 빼앗기지 않도록 하는 것을 말한다. 마음이 물질에 현혹되는 일이 없이 자유자재의 상태로 있으면 어떤 일에도 대처할 수가 있다.

● 物打 (물타)

검선에서 10-15cm 정도의 곳이며 줄의 반대쪽의 부위를 말한다. 쳤을 때 가장 힘이 많이 들어가는 곳이다. 초보자가 공격할 경우 우선 이곳에서 공격부위를 치도록 유의할 필요가 있다.

● 理合 (이합)

검(劒)의 법칙이나 도리에 따른 공격법을 말한다. 예를 들면 공격의 기회가 있는 것처럼 상대의 실(実)를 피하여 허를 치고, 후퇴할 때를 치고, 나오려고 하는 것을 치는 등, 무작정 공격하는 것이 아니고 무리 없는 공격을 「이(理)에 맞은」 공격법이라고 한다.

검도 시합규칙

제1장 시합장

제1조 시합장은 제1도(図) (구획선을 포함 9 m - 11m)의 넓이로 한다.

제2조 시합장의 바깥쪽에 1.5m이상의 여지를 두는 외곽선을 설치할 것.

제3조 각선(各線)은 폭 5 cm - 10cm 로 하고 백선을 원칙으로 한다.

〈그림 1〉 시합장(試合場)

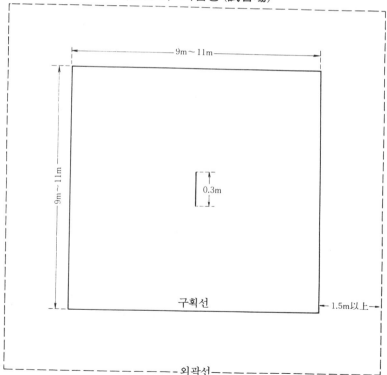

제 2 장 용구 (用具)

○ 죽도 규격표

	중학생	고교생	대학생 · 일반
길 이	112cm 이내	115cm 이내	118cm 이내
무 게	375g 이상	450g 이상	500g 이상

제 4 조 죽도의 길이 및 무게는 윗 페이지의 표대로 죽도의 무게에는 쇠테를 포함하지 않는다.

제 5 조 두 개의 죽도를 사용할 경우에는 하나의 길이 110cm까지, 무게는 375g이상, 다른 하나는 길이 60cm까지, 무게 265g 이상으로 한다.

제 6 조 죽도의 구조 및 각부의 명칭은 제 2 도와 같이 한다.

제 2 도 ○ 죽도의 구조 및 명칭
〈 4 할(割) 죽도)

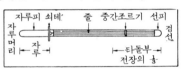

제 7 조 쇠테, 피(皮), 또는 여기에 대할 수 있는 화약제품의 원형의 것으로 한다. 크기는 직경 8 cm이내로 하고 고정하는 것으로 한다.

제 8 조 검도구(劍道具)는 면(面), 소수(小手), 동(胴), 수(垂)를 사용하고 복장은 연습복과 바지로 한다.

제 3 장 시합의 종별(種別) 승부 방법

제 9 조 개인시합은 다음에 의한다.

1 . 개인시합은 세 판 승부를 원칙으로 한다.

2 . 세 판 승부는 시합시간 내에 두 판을 먼저 이긴자로 한다. 단, 제한 시간내에 한편이 한 번만 이겼을 경우에는 이를 이긴 것으로 한다.

3 . 제한시간내에 승부가 결정되지 않을 경우에는 연장전을 하고 먼저 한판을 이긴자를 승자로 한다. 단 판정, 추점에 의해 승패를

결정하고 또는 무승부로 결정할 수도 있다. 판정에 의해 승패를 결정할 경우에는 다음에 제시한 규준(規準)에 의해 총합적으로 판정한다.

ㄱ. 자세   ㄴ. 태도   ㄷ. 반칙.

제10조 단체시합은 다음에 의한다.

1. 사전에 정해진 순위에 의해서 각개인의 시합을 실시하고 단체의 승부를 결정한다.

2. 시합은 승자수법(勝者數法)·승발법(勝拔法)의 2종으로 한다.

ㄱ. 승자수법은 승자의 수에 의해 단체의 승패를 결정하는 방법이다. 단 승자가 동수인 경우에는 총승수가 많은 편으로 한다. 또 총승수가 동수인 경우에는 대표전에 의해서 결정한다.

ㄴ. 승발법은 승자가 계속하여 시합을 하여 단체의 승패를 결정하는 방법이다.

제4장   시합의 개시·중지 및 종료

제11조 시합은 주심의 「시작」의 선고로 시작하고 「그쳐」의 선고로 중지한다. 긴급한 경우에는 부심도 「그쳐」를 선고할 수도 있다.

제12조 시합은 주심의 「승부」 또는 「무승부」의 선고로 끝난다.

제13조 시합시간은 5분을 기준으로 하고 주심의 「시작」의 선고로부터 시합시간의 종료까지로 한다.

제14조 연장전의 시간은 3분을 기준으로 한다.

제15조 주심이 유효의 선고를 하고 시합 재개시까지에 소요된 시간. 사고 또는 심판원의 합의등에 소요된 시간 및 심판원이 중지를 명하고 시합의 재개시를 명하기까지의 시간은 시합시간으로 보지 않는다.

제5장   공 격

제16조 공격부위는 다음과 같이 한다.

1. 면부(正面, 右面, 左面)

2. 소수부(右小手 및 다음의 경우에는 左小手)왼손을 앞으로 한

중단자세 · 상단자세 · 팔상자세 · 옆자세 기타 중단을 변형한 자세.

　3. 동부(右胴 · 左胴)

　4. 안부(목, 단 상단 및 2도(刀)에 대해서는 흉부를 포함함).

　제17조 유효 공격은 충실한 기세, 적법한 자세로 죽도의 공격부에서 공격부위를 정확하게 공격한 것으로 한다. 단 한 손 공격, 수동시의 공격은 특히 확실하지 않으면 안된다.

　1. 다음 경우에 있어서 정확한 공격도 유효로 한다.

　(1) 죽도를 떨어뜨리고 또 넘어진 자에게 곧 가한 공격, 혹은 넘어진 자가 곧 가한 공격.

　(2) 장외로 나가는 것과 동시에 가해진 공격

　(3) 시합시간 종료의 신호와 동시에 가한 공격

　2. 다음 경우에는 유효로 하지 않는다.

　(1) 서로 동시에 공격했을 경우

　(2) 검선이 상대의 몸에 붙어서 살아있을 경우

　(3) 불미스러운 퇴장을 했을 경우

제6장　반　칙

　제18조 상대 또는 심판원의 인격을 무시하는 언동을 해서는　안된다.

　제19조 시합자는 다음의 각호의 행위를 해서는 안된다.

　1. 쫓기거나 불미스러운 행위를 하고 장외로 나가는 일.

　2. 발을 거는 일.

　3. 불법적인 밀어내기.

　4. 검도구가 없는 부위를 고의적으로 공격했을 때.

　5. 상대를 불법으로 손으로 걸고 안는 일

　6. 자루를 상대의 자루 가운데 넣고 또는 밑에서 주먹을 자루 가운데 넣고 비틀어 올리는 일.

　7. 자신의 죽도를 떨어뜨리는 일. 단 떨어뜨린 직후 유효공격이 가해졌을 경우는 반칙으로 하지 않는다.

　8. 죽도의 쇠테보다 앞부분을 잡았을 경우.

9. 공격의사가 없는 쇠태경합
10. 기타 시합의 공정을 해치는 행위.

제 7 장   벌   칙

제20조 제18조의 반칙을 범한 자는 패자(敗者)로 한다.

제21조 제19조 각호(9호를 제외하고)의 행위를 범한 경우는, 1 회마다 통고하고, 2 회를 범한 때에는, 상대방에게 한 번 진 것으로 한다.

제22조 제19조의 9호의 행위를 범한 자는 동조 소정의 타의 반칙 1 회로 취급한다.

제23조 쌍방 모두 한 판을 이기고 2 회째의 반칙을 쌍방 동시에 범한 경우에는 반칙으로서 헤아리지 않는다.

제24조 제19조의 반칙은 한 시합을 통해서 적산(積算)한다. 단, 판정에 의한 연장전의 경우에는 이에 한하지 않는다.

제 8 장   시합중 부상 또는 사고가 생겼을 경우

제25조 시합자는 사고로 인하여 시합을 계속할 수 없을 경우는 중지를 요청할 수 있다.

제26조 경미한 부상으로 시합을 속행할 수 있는 데도 불구하고 시합 중지를 요청할 경우에는 패자로 간주한다.

제27조 부상으로 인해서 시합을 계속할 수 없을·때 그 원인이 한 쪽의 고의 및 과실에 의한 경우는 그 원인을 야기시킨 자를 패자로 하고,그 원인이 명백하지 않을 때는 시합불능자를 패자로 한다.

제28조 사고로 인해서 시합을 계속할 수 없는 자. 또는 시합의 중지를 요청한 자는 패자로 한다.

제29조 단체시합의 경우에는 전 3조에 있어서 일단 시합을 계속할 수 없는 자 및 시합 중지를 요청한 자는 그 후의 시합에 출장할 수 없다.

제30조·제26, 27, 28조에 의한 승자에 대해서는 두 판을 주고 시합불능자의 한 판도 유효로 한다.

제9장 이의 신청

제31조 심판원의 판정에 대해서는 이의신청을 인정하지 않는다.

제32조 본 규칙의 실시에 관하여 의의(疑義)가 있을 경우는 곧 (다음 시합이 시작되기 전까지) 책임자를 통해서 심판장(심판주임)에 대해서 이의를 신청할 수 있다.

제10장 경기 임원

제33조 심판장은 공정한 시합을 수행하기 위하여 필요한 일절의 권한을 가진다.

제34조 심판주임은 두 시합장 이상의 시합장에 있어서 심판장을 보좌하고, 당해 시합장에 있어서 심판상의 책임을 진다.

제35조 심판원은 주심 1명, 부심 2명으로 하고 유효타돌 및 반칙 판정에 대해서는 어느 것이나 동등의 권한을 가지고 그 판정에 임한다. 주심은 관계임원과의 연락에 의해 시합의 진행을 도모하고 승패를 선고한다.

제36조 시간계(係)는 원칙으로 주임 1명, 계원 2명 이상으로 하고 시합시간의 계시(計時)에 임하고 종료의 신호를 한다.

제37조 게시계(揭示係)는 원칙으로 주임 1명, 계원 2명 이상으로 하고 심판의 판정을 정확히 게시한다.

제38조 기록계는 원칙으로 주임 1명, 계원 2명 이상으로 하고 유효 및 반칙의 종류와 회수 및 시합의 시간 등을 기록한다.

제39조 선수계는 원칙으로 주임 1명, 계원 2명 이상으로 하고 선수의 소집·용구의 검사 등에 임하고, 시합이 지체 없이 실시 되도록 한다.

검도의 심판규칙

제 1 조 심판원은 검도 시합 규칙에 따라 승패를 결정한다.

제 2 조 심판원의 구성은 원칙으로 주심 1명, 부심 2명으로 조직한다.

제 3 조 심판원의 임무는 다음과 같다.

1. 주심은 시합운영의 전반에 관하여 권한을 가지고, 심판기로써 유효 표시·판정 및 승패를 선고한다.

2. 부심은 유효의 표시에 관하여 주심과 동등의 권한을 가지며 운영상 주심을 보좌한다. 또 위험방지, 반칙, 시간마감 등으로 긴급한 경우 주심을 대리하여 「중지」의 선고를 할 수 있다.

제 4 조 2명이상의 심판원이 유휴 표시를 하였을 때는 한 판으로 한다. 또 1명이 유효를 인정하고 타의 2명이 기권하였을 때는 한 판으로 한다.

제 5 조 심판원은 다음 요령에 의해 심판을 한다.

1. 주심은 시합자가 서로 절을 마치고 준거하면서 죽도를 빼내고 기(気)가 충만하였을 때 「시작」이라고 선고 시합을 시작시킨다.

2. 심판원 가운데 1명이 유효를 표시한 경우는 다른 심판원은 자기의 판단을 꼭 표시하지 않으면 안된다.

3. 유효를 선고한 경우에도 불미스러운 행위가 있을 때는 심판원의 합의에 의해 그 선고를 철회할 수가 있다.

4. 심판원은 반칙을 인정한 경우는 시합을 중지시켜 합의하여 반칙 사실을 명시하지 않으면 안된다. 단 반칙 사실이 명백할 때는 합의를 생략할 수가 있다.

5. 주심은 시합중 한쪽 시합자가 넘어졌을 경우 또는 죽도를 떨어뜨렸을 때, 상대가 즉시 공격을 가하지 않았을 때는 시합을 중지시켜 시작 위치에 돌아가서 시합을 계속시킨다.

6. 공격 의사 없이 쇠테경합을 장시간 계속할 때는 시합을 중지시켜 주의를 준다.

7. 주심은 시합시간 종료의 경우 시합을 중지시켜 시합자를 시작 위치에 오게하고, 연장전에 들어갈 경우에는 「연장」이라고 통고하여 「시작」이라고 선고한다.

8. 심판원은 판정에 의해 승패를 결정할 경우에는 시합을 중지시켜 주심의 「판정한다…… 판정」의 신호에 의해 3자 동시에 의사표시를 한다.

9. 기(旗)의 표시방법

　(1) 유효를 인정할 경우

　　유효자쪽의 기를 몸쪽 위 45° 각도의 일직선으로 올린다.

　(2) 유효로 인정하지 않는 경우

　　양기를 앞 밑에서 흔든다.

　(3) 판정을 기권했을 경우

　　양기를 앞 밑에서 교차한다.

　(4) 유효를 선고할 경우

　　(1) 과 같다.

　(5) 유효 선고를 철회할 경우

　　주심이 양기를 앞 밑에서 옆으로 흔든다.

　(6) 시합을 중지할 경우

　　양기를 똑바로 위에 올린다.

　(7) 무승부의 경우

　　양기를 앞 위에서 교차한다.

　(8) 합의의 경우

　　양기를 오른손에 잡고 위로 올리는 것과 동시에 「합의」라고 통고한다.

10. 선고방법

　(1) 시합의 시작은 죽도를 빼내고 기(氣)가 충만하였을 때

　(2) 유효선고는 면, 소수, 동찌르기. 시합자는 그 위치.

　(3) 유효 선고를 철회할 경우의 선고방법. 불미스러운 언동, 퇴장·취소(시합자는 개시 위치)

　(4) 두 판 개시는…「두 판」…(위와 같다.)

(5) 한 판, 한 판 후의 시합개시는…「승부」…(위와 같다.)

(6) 승패의 선고는…「승부 있다」…(위와 같다.)

(7) 연장전의 개시는 …「연장」…「시작」…(위와 같다.)

(8) 한 판승의 선고는 …「한 판승」…「승부 있다」…(위와 같다.)

(9) 부전승의 선고는 … 「부전승」…「승부 있다」…(위와 같다.)

(10) 판정 선고는 …「판정승」…「승부 있다」…(위와 같다.)

(11) 시합의 중지는 …「중지」

(12) 반칙의 선고는 …「반칙 0 회」…(시합자는 개시 위치)

(13) 상대의 반칙에 의한 득점의 선고…「한 판 있다.」…(위와 같다.)

주(注) 이 경우 반칙자에 대하여 뭐 뭐…반칙 0 회라고 손가락으로 회수를 표시하고, 그 후에 상대방에게 기로「한판 있다」고 선고한다.

(14) 반칙승에 의한 승패의 선고는 …「승부 있다」…(위와 같다.)

주(注) 이 경우 반칙자에 대해서 뭐 뭐… 반칙 몇 회라고 손가락으로 회수를 표시하고, 그 후에 상대방에게 기로「한판 있다」……「승부 있다」고 선고한다.

(15) 시합자가 중지를 요청했을 때는……「중지」

주(注) 이 경우 주심은 양기를 위로 올려 중지라고 선고하고 중지요청의 이유를 바로 잡는다.

(16) 시합자에게 주의할 때는 …「쇠테경합 주의 `몇회」…(시합자 개시위치)

주(注) 2 회째 주의할 때는 주의를 받는 자에게「주의 2 회」라고 손가락으로 회수를 표시한 후 반칙 1 회라고 선고한다.

제 6 조 이 규칙에 정해져 있지 않는 사항에 대해서는 심판원은 합의하여 심판장에게 상의하여 처리한다.

부 칙

대회의 규모, 내용 등 특별한 사정이 있는 경우에 있어서는 본칙의 정신을 손상시키지 않는 한 이에 의하지 않아도 할 수 있다.

정리운동

검도의 심한 연습으로 긴장된 신경이나 여러 기관을 풀어, 부드럽게 하여 피로 회복을 촉진시키는 데 효과가 있다.

1 도약

무릎을 굽히고 전신의 몸을 빼고 가볍게 뛰어 오른다.

2 상·하지(上下肢)의 운동

하나로 발꿈치를 올리며 팔을 수평으로 올리고 둘로 팔을 내리면서 무릎을 굽힌다. 셋으로 무릎을 펴면서 팔을 똑바로 올리고 넷에서 직립 자세로 돌아가다.

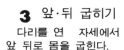

3 앞·뒤 굽히기

다리를 연 자세에서 앞 뒤로 몸을 굽힌다.

4 회선(回旋)

다리를 연 자세에서 상체를 회선시킨
다.

5 다리 펴기

다리를 연 자세에서 양 다리를 교체
로 편다.

6 무릎의 굴신(屈伸)

양 발꿈치를 붙이고 무릎에 손을 대
고 무릎의 굴신을 반복한다.

판권본소 / 권사유

현대 검도 교본

2024년 6월 20일 인쇄
2024년 6월 30일 발행

지은이 | 현대레저연구회
펴낸이 | 최　원　준

펴낸곳 | 태 을 출 판 사
서울특별시 중구 다산로 38길 59(동아빌딩내)
등　록 | 1973. 1. 10(제1-10호)

■ 주문 및 연락처
우편번호 ０４５８４
서울특별시 중구 다산로 38길 59(동아빌딩내)
전화 : (02)2237-5577　팩스 : (02)2233-6166

ISBN 978-89-493-0682-7　　　13690

현대인의 건강과 행복을 추구하는